南昌大学社会科学学术著作出版资助项目（项目批准号：NCU2017P002）资助出版

健身俱乐部服务质量评价研究

周　强　著

北京体育大学出版社

策划编辑：潘　帅
责任编辑：李志诚　仝杨杨
责任校对：吕　哲
版式设计：小　小

图书在版编目（CIP）数据

健身俱乐部服务质量评价研究/周强著．—北京：北京体育大学出版社，2018．9
ISBN 978－7－5644－3068－9

Ⅰ．①健…　Ⅱ．①周…　Ⅲ．①健身运动－俱乐部－服务质量－质量评价－研究　Ⅳ．①G811．119

中国版本图书馆 CIP 数据核字（2018）第 227790 号

健身俱乐部服务质量评价研究　　**周　强　著**
JIANSHEN JULEBU FUWU ZHILIANG PINGJIA YANJIU

出版发行：北京体育大学出版社
地　　址：北京市海淀区农大南路 1 号院 2 号楼 4 层办公 B－421
邮　　编：100084
网　　址：http：//cbs. bsu. edu. cn
发 行 部：010－62989320
邮 购 部：北京体育大学出版社读者服务部 010－62989432
印　　刷：北京虎彩文化传播有限公司
开　　本：710mm×1000mm　1/16
成品尺寸：157mm×235mm
印　　张：8．75
字　　数：144 千字
版　　次：2018 年 9 月第 1 版
印　　次：2018 年 9 月第 1 次印刷
定　　价：38．00 元

前 言

为了发展健身休闲产业，促进我国国民健身休闲消费，2014 年 10 月 20 日国务院发布了《关于加快发展体育产业促进体育消费的若干意见》（国发〔2014〕46 号），2016 年 10 月 28 日国务院办公厅又发布了《关于加快发展健身休闲产业的指导意见》（国办发〔2016〕77 号）。这些文件确立了推动形成充满活力的体育健身休闲消费市场、激发国民参与体育健身休闲活动热情的原则，提出了发展体育健身休闲服务业的目标，明确了大力培育健身休闲和场馆服务等体育服务业的任务。2016 年 10 月 25 日中共中央、国务院印发了《“健康中国 2030”规划纲要》，确定了以“共建共享、全民健康”为健康中国的战略主题，号召广泛开展全民健身运动。在这样的时代背景下，健身休闲服务产业成为朝阳产业，健身俱乐部迎来了大发展大繁荣的大好时机。

机遇与挑战并存，压力与动力同行。随着我国健身俱乐部的快速发展和国际健身连锁机构进入我国，各俱乐部之间围绕顾客争夺的竞争越发激烈。西方发达国家的经验表明，向顾客提供宽松的健身环境、便捷的服务、高科技的设施与设备、备受欢迎的服务项目和适宜的价格等优质服务是健身俱乐部获取竞争优势的有效手段。也就是说，提升健身俱乐部的服务质量是经营管理者努力的方向。虽然与西方发达国家相比，我国健身俱乐部的发展和相关研究要相对落后，但近年来相关人员已经意识到要推动我国健身休闲服务业的巨轮扬帆起航，就必须提升服务质量，以优质服务吸引健身休闲消费者。

要提升健身俱乐部服务质量，就有必要采用某种工具评价服务质量，继而有针对性地完善俱乐部服务。在服务营销领域，虽然开发了数个具有代表性的服务质量评价模型，但这些模型是否适宜于健身俱乐部服务质量评价有待探讨。从现有的文献看，在参考现有模型的基础上，结合具体消费情景开发新的服务质量评价模型成为一个研究热点。迄今为止，我国健身俱乐部服务质量评价的实证研究尚为鲜见。因此，本研究首先梳理相关文献，从理论层面探讨健身俱乐部服务质量评价问题，其次开发新的健身俱乐部服务质量评价模型，最后通过分析健身俱乐部服务质量与顾客满意、行为意向之间的关系来检验新开发模型的有效性。本书是笔者在博士学位论文的基础上经过修改、补充和完善形成的。回想当年笔者在一句日语也不会说的情况下毅然辞掉上海某高校教师工作赴日留学，现在依然为当时的勇气而感动。从语言不通到博士毕业，在此过程中自然少不了指导教师菊池先生的鼓励与帮助，也少不了日语教室的铃木先生、西田先生和近藤先生对笔者日语写作的指导。至今回想起来，感激之情难以言表，先生们对笔者的严格要求与帮助令笔者终生难忘。

本书对健身俱乐部服务质量评价研究只是浅尝辄止，笔者深知自身学识浅陋。书中诸多不足，还望诸位赐教斧正，不胜感激！

目　录

1　绪　论 …………………………………………………………（1）

1.1　研究背景、目的与意义 ……………………………………（1）

1.2　研究对象、内容、思路与方法 ……………………………（6）

1.3　研究视角 ……………………………………………………（8）

1.4　创新之处 ……………………………………………………（9）

1.5　研究框架 ……………………………………………………（10）

2　理论研究………………………………………………………（12）

2.1　本部分的构成 ………………………………………………（12）

2.2　核心概念的界定 ……………………………………………（13）

2.3　市场营销领域的服务质量评价 ……………………………（17）

2.4　体育领域的服务质量评价 …………………………………（30）

2.5　我国健身俱乐部的发展及其服务质量评价研究的现状 ……………………………………………………………（45）

2.6　小　结 ………………………………………………………（54）

3　实证研究（Ⅰ）健身俱乐部服务质量评价模型的开发 ……………………………………………………………………（56）

3.1　问题的提出 …………………………………………………（56）

3.2　研究步骤与方法 ……………………………………………（57）

3.3　结　果 ………………………………………………………（67）

3.4　讨　论 ………………………………………………………（88）

3.5　小　结 ………………………………………………………（92）

4　实证研究（Ⅱ）健身俱乐部服务质量对顾客满意和行为意向的影响研究 …………………………………（93）
4.1　问题的提出 ……………………………………………（93）
4.2　研究步骤与方法 ………………………………………（94）
4.3　结　果 …………………………………………………（101）
4.4　讨　论 …………………………………………………（113）
4.5　小　结 …………………………………………………（117）
5　结　语 ……………………………………………………（119）
5.1　结　论 …………………………………………………（119）
5.2　本研究的贡献 …………………………………………（120）
5.3　研究局限性 ……………………………………………（121）
参考文献 ……………………………………………………（123）
附录：关于体育健身俱乐部服务质量的调查 ……………（128）

1 绪　论

1.1 研究背景、目的与意义

1.1.1 研究背景与目的

由于人们认识到服务质量是影响服务组织业绩的一个重要因素，以市场营销为中心，服务质量的研究引起了相关人员的关注。到现在为止，较多的服务质量评价模型被开发出来。学者们（Parasuraman，Zeithaml 和 Berry，以下简称“PZB”，1988；Smith，1999；江岚和郭旭泓，2012）认为服务具有无形性（intangibility）、异质性（heterogeneity）、不可分离性（inseparability）和不可储存性（perishbility）等特征，与物品相比服务质量评价相对困难。浦野（2008）和宫城（2009）指出，正是服务具有这些特征，才导致了有关服务质量评价方法在学界至今未能达成完全一致的意见。江岚和郭旭泓（2012）、金山和中西（2014）认为，在较多的服务质量评价模型中，起着中心作用的依然是 SERVQUAL 模型（PZB，1988）。当然，SERVQUAL 模型也存在较多问题，如不少学者（Carman，1990；Babakus 和 Boller，1992；Spreng 和 Singh，1993；Mels，等，1997；Olorunniwo 和 Hsu，2006）发现，使用该模型评价服务质量时因服务种类不同而存在不稳定性，因而他们主张应采用与服务种类或服务内容相适宜的测定尺度进行服务质量评价。基于这样的主张，PZB（1993）指出，在用 SERVQUAL 模型评价服务质量时，也存在根据不同的服务种类进行适当调整的可能性。

在市场营销领域，之所以学者们对服务质量评价的关注度高，Baker 和 Crompton（2000）及 Lee 等（2004）指出，这是因为服务质量好对促进顾客的再购买或向他人推荐等行为多少存在影响。基于这样的考虑，在评价服务质量时，把握服务质量对其相关变量的影响成为一个重要的课题。在现有文献中，通过分析顾客感知服务质量评价及其与相关消费行为变量之间的关系来检验服务质量评价模型的有效性的研究较为多见（Dabholkar，等，2000；Jain 和 Gupta，2004；Kouthouris 和 Alexandris，2005）。由于观察服务的再购买等需要花费较多的时间和费用（Henning – Thurau 和 Klee，1997），同时特定行为可以通过预测某人的行为意向来把握（Gollwitzer，1993；Zeithaml，等，1996），因此，较多的研究者用行为意向代替实际的购买行为进行研究（Baker 和 Crompton，2000；Lee，等，2004；Olorunniwo 和 Hsu，2006；Yuan 和 Jang，2008）。在这样的研究中，较多学者（González 和 Brea，2005，2007；Howat，等，1999；Olorunniwob，等，2006）探讨服务质量与顾客满意、行为意向之间的关系。但是，这三者之间的关系迄今为止依然存在争论，因此有必要对其关系进行实证研究。

另外，我国自 1985 年开始在沿海一带出现主要面向外国投资者的健身俱乐部，此后健身俱乐部数量逐年增长，1995 年前后面向大众的健身俱乐部数量急速增长，健身俱乐部的发展进入了“成长”的阶段（李永智，等，2002）。近年来，国际上有名的健身俱乐部连锁店进入我国，健身俱乐部之间为了获取顾客，竞争越发激烈，因此提升俱乐部服务质量成为重要的课题（黄菁和黄晓灵，2004；刘兵，2007；刘兵，等，2006a；钟天朗，等，2004）。但是，我国健身俱乐部的历史较短，在健身俱乐部经营与研究方面与西方诸国相比也较落后（刘兵，等，2006a；刘兵，等，2006b；肖淑红，2005；黄谦，2010；周文静和王恒利，2017）。虽然能看出相关人员对服务的认识发生了变化，但对服务质量评价的研究，特别是实证研究尚为鲜见，今后的研究动向引起了学者们的关注（刘兵，2007；刘兵，等，2006b；王岳洲，2004；许彩明和李杰杰，2015）。建立与我国健身俱乐部的发展现状相适宜的服务质量评价尺度成为当务之急（刘兵，2007；刘兵，等，2006b；王岳洲，2004；杨铁黎，等，2002a；杨铁黎，等，2005；钟天朗，等，2004）。

因此，本研究的目的是开发与我国健身俱乐部及其利用者的实际情况相适宜的服务质量评价模型，并在此基础上检验新开发模型的有效性。具体地说，本研究有以下 2 个目的。

第一，在参考 SERVQUAL 模型（PZB，1988）的开发方法的同时，结合健身行业的特征和我国健身俱乐部的实际情况，开发出新的服务质量评价模型。

第二，通过分析健身俱乐部的服务质量与顾客满意、行为意向之间的关系，探讨本研究开发的服务质量评价模型的有效性。

1.1.2 研究意义

1.1.2.1 理论意义

第一，服务质量评价实证研究的意义。伴随着20世纪80年代服务产业的快速发展，有关服务质量的研究数量急剧增加，学者们立足于不同的视角进行了研究，取得了较为丰富的成果（铃木，2004）。但是，有关服务质量评价，“不管怎么说都是年轻的学问和实践领域”（浅井，2003），有关服务质量评价方法至今依然存在争议（Athanassopoulos，2000；Caruana，等，2000；黄谦，2012）。学者们（Brady和Cronin，2001；佐藤和永田，2003；赵卫宏，2004）指出，对服务质量评价进行实证研究具有重要的意义。

在众多尝试评价服务质量的研究中，SERVQUAL（PZB，1988）是得到支持最多的评价方法（铃木，2004；浦野，2008；黄谦，2010；金山和中西，2014），并且该模型适宜于各种服务的质量评价（PZB，1988）。但是，实际上将该模型运用于各种服务业的结果表明，SERVQUAL（PZB，1988）模型的维度结构并不稳定（Bababuks和Boller，1992；Carman，1990；佐藤和永田，2003；张新安和田澎，2006；Soita，2012）。根据实证研究的结果，Bababuks、Boller（1992）和Carman（1990）指出，服务质量的维度结构因服务业种类不同而存在差异。PZB（1993）也谦虚地指出，SERVQUAL模型并非服务质量评价的终点，只不过是评价的出发点而已。基于这样的主张，有学者提出，期待更多的服务质量评价问题的解决方案或开发新的评价模型等的研究（浦野，2008）。在本研究中，基于SERVQUAL模型的方法开发出与健身俱乐部的实际情况相适应的服务质量评价模型，这很好地检验了现有研究中的相关主张。

第二，探究服务质量维度结构的意义。健身俱乐部是通过与顾客相互协作，为顾客提供质量较高的健身体验服务，创造顾客满意的服务组织（中西，2007）。提升服务质量是促使顾客继续参与俱乐部健身项目的一个重要因素（原田，1991）。因此，恰当地评价俱乐部的服务质量尤为重要（藤本，等，1992；原田，1991；山崎和長積，1994）。

为了评价服务质量，第一步就要明确服务质量的维度结构（Ko 和 Pastore，2004；山本，2007）。服务组织的市场营销活动是否成功，取决于经营者是否能正确理解顾客感知服务质量的维度结构（浦野，2008）。山本（1999）和中西（1995）指出，一旦不能明确服务质量的维度结构，就难以向顾客提供良好的服务，在此基础上强调了明确服务质量的维度结构的重要性。

但是，如前所述，有关体育组织的服务质量评价研究现在尚不充分（藤本，等，1992；Ko 和 Pastore，2005；Lam，等，2005；刘兵，等，2006a；山崎和長積，1994）。特别是有关我国健身俱乐部服务质量评价的实证研究尚为鲜见（刘兵，等，2006b；杨铁黎，等，2005）。基于这一点，可以认为建立与我国健身俱乐部的实际情况相适应的服务质量评价尺度，明确服务质量的维度结构极其重要。

第三，探究服务质量与顾客满意、行为意向之间的关系的意义。在服务市场营销领域，一般来讲，向顾客提供良好的服务，就能促进顾客满意，并且感觉到满意的顾客再购买或继续利用的比率将会提高，通过感觉到满意的顾客的口碑获取新的顾客也值得期待（Murray 和 Howat，2002；中路和梁瀨，1995；PZB，1988）。因此，如何评价服务质量，明确服务质量与其相关的顾客满意、行为意向等变量之间存在什么样的关系，对于健身俱乐部开展市场营销活动具有重要的意义（山本，1999）。

有关服务质量、顾客满意和行为意向之间的关系，与其说在现有的研究中尚未明确，不如说在学界存在不同的见解（Cronin，等，2000；Dabholkar，2000；Lee，等，2004；周强和菊池秀夫，2009c）。例如，根据服务质量与顾客满意、行为意向之间的关系的研究结果，一方面，Baker 和 Crompton（2000）、Lee 等（2004）、Tsitskari 等（2014）及 Wicaksono 和 Aprianingsih（2016）报告了服务质量直接影响行为意向。另一方面，Caruana（2002）、Cole 和 Illum（2006）、Herstein 等（2014）及 Schijns 等（2016）指出，服务质量通过顾客满意间接影响行为意向。同时，Dabholkar 等（2000）主张在服务质量对行为意向的影响过程中，有必要分析顾客满意的中介作用。特别是对健身俱乐部来说，有必要明确在这些关系模型中，什么样的模型才是最佳模型（周强和菊池秀夫，

2009c，2009d）[①]。本研究在检验开发的健身俱乐部服务质量评价模型的有效性的同时，试图明确俱乐部会员感知服务质量与顾客满意、行为意向之间的关系，为今后相关研究提供理论参考。

1.1.2.2 实际意义

第一，与西方诸国相比，可以说我国健身俱乐部的经营才刚开始。不仅俱乐部运营相关法律尚未建立，设置基准也尚未完全确立（杨铁黎，等，2002；杨铁黎，等，2005；王进和张林，2001；张岩和柳伯力，2000；钟天朗，等，2004）。许多俱乐部将价格设定作为竞争的重要手段，而并非服务本身（韩凤月和刘永东，2002；连桂红和刘建刚，2005；刘兵，2007；王岳洲，2004；张雪飞，等，2004）。但是，近年来国际健身俱乐部连锁店进入我国，国内健身俱乐部数量急剧增加。受这样的内部竞争与国外俱乐部加入的影响，对多数俱乐部来说，获取新的顾客和维持现有的顾客越发困难（黄菁和黄晓灵，2004；刘兵，2007；刘兵，等，2006a；钟天朗，等，2004）。提升健身俱乐部服务质量，获得核心竞争力，是实现行业经营转型的一种有效手段。

第二，伴随着我国经济和健身俱乐部的快速发展，人们对健康的要求和对健身的需求呈现出多样化的趋势。在这样的背景下，如果俱乐部经营者能正确把握顾客对服务质量的感知的话，在改善现有服务或提供新的服务之际，就有可能明确努力的方向（Lam，等，2005；中西，1995）。同时对俱乐部经营者来说，知道什么样的服务会对顾客满意度和行为意向产生积极影响，就能在制定顾客获得或维持策略时发挥重要作用（原田，等，1995；刘兵，等，2006a；赵卫宏，2004）。因此，用适宜的尺度定期评价服务质量或分析其相关变量之间的关系，并在经营上反映出来是有必要的（韩凤月和刘永东，2002；原田，等，1991；刘兵，等，2006a）。到目前为止，由于与我国俱乐部的现状相适宜的服务质量评价尺度尚未建立（刘兵，2007；王岳洲，2004），因此建立健身俱乐部服务质量评价尺度，并采用此尺度分析服务质量、顾客满意和行为意向之间的关系具有重要的现实意义。

---

① 在这些论文中，笔者计算了顾客满意 3 个测试项目的平均得分，将其视为观测变量构建模型；同时为了增加模型的稳定性，减少估计参数的个数，通过计算服务质量各维度的平均得分构建了结构方程模型进行服务质量、顾客满意和行为意向之间的关系分析。详细请见周强和菊池秀夫，2009c，2009d。

第三，发展体育产业，促进我国居民健身消费是我国发展经济的抓手之一，同时“健康中国”战略也酝酿了多年，基于“发展为人民，发展成果由人民共享”的理念，已将“健康中国”列入我国“十三五”发展规划，中共中央、国务院已印发了《“健康中国2030”规划纲要》。从某种意义上来说，通过提高健身俱乐部服务质量来吸引消费者，促进人们健身消费，提高国民的健康水平，是贯彻落实我国发展体育产业和建设“健康中国”要求的重要措施之一。因此，对健身俱乐部服务质量评价进行研究具有重要的实际意义。

1.2 研究对象、内容、思路与方法

1.2.1 研究对象

以我国健身俱乐部服务质量评价及其相关变量之间的关系为研究对象，开发健身俱乐部新的服务质量评价模型，并检验模型在预测健身俱乐部顾客的满意程度和行为意向时的有效性。

1.2.2 研究内容

本研究内容主要分为3个部分。

(1) 服务质量评价研究述评。研究采用文献资料法对国内外服务质量评价研究进行梳理，试图揭示以下3个方面的问题：一是服务营销领域服务质量评价及其相关变量间的关系研究的动态，着重分析服务质量的概念操作方法、服务质量评价的几个代表性模型；二是对体育设施的服务质量评价模型、评价方法和特征进行归纳整理，为本研究开发新的模型提供理论支撑，同时为服务质量评价的假设模型及确定最初的服务属性项目打下基础；三是对我国服务质量特别是体育设施的服务质量研究现状和未来发展趋势进行分析与展望，分析相关研究存在的问题。

(2) 我国健身俱乐部服务质量评价模型开发研究。首先，在多数服务质量评价模型中确定参考模型，并确定最初的服务属性项目。其次，筛选健身俱乐部服务属性项目，提出健身俱乐部服务质量评价的假设模型。再次，验证假设模型、改良模型。最后，检验模型的信效度、参数估计的精度与模型的稳定性。

（3）基于服务质量、顾客满意和行为意向之间的关系，检验新开发模型的有效性。一是基于文献构建服务质量、顾客满意和行为意向之间的相关模型，从中找出最佳模型；二是基于模型界定搜寻方法，分析更多的关系模型；三是基于项目组合方法构建相关模型，以此确认哪个模型是最佳模型；四是基于最佳模型分析服务质量、顾客满意和行为意向间的关系，以此检验服务质量预测顾客满意和行为意向的有效性。

1.2.3 研究思路

本研究遵循着我国健身俱乐部服务质量评价模型“理论上应该是什么样的维度结构”和“实际上又是什么样的维度结构”的思维逻辑，围绕着开发服务质量评价模型，评价模型是否能有效预测健身俱乐部消费者的满意程度和未来消费行为意向等问题而进行。

坚持规范分析与实证研究相结合的原则，遵循“理论构建→实证调查→模型改良→模型检验→模型应用”的路径展开研究。研究的技术路线如图 1－1 所示。

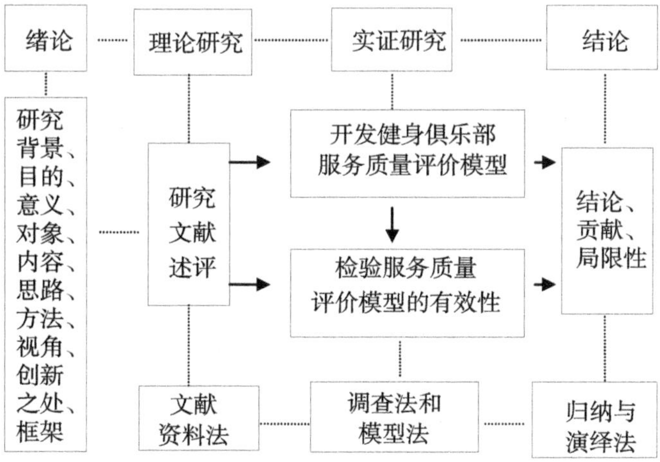

图 1－1 研究的技术路线

1.2.4 研究方法

本研究采用理论联系实际的研究方法，注重实证分析。具体地说，其主要采用以下几种研究方法。

（1）文献资料法：在全面系统地收集整理文献资料的基础上，有重点地分析服务质量评价具有代表性的模型、概念操作方法的相关文献。

（2）问卷调查法：这包括问卷调查与访谈调查。以上海市和广州市健身俱乐部消费者为调查对象进行问卷调查，开发服务质量评价模型和检验相关变量之间的关系；以俱乐部经营者或相关学者为调查对象，就健身俱乐部服务质量评价方法和服务属性项目进行访谈调查。

（3）模型法：采用验证性因子分析法检验假设模型和改良模型；应用结构方程模型分析探讨健身俱乐部服务质量、顾客满意和行为意向之间的关系。

（4）比较法：基于调查数据与模型的拟合程度，比较健身俱乐部服务质量评价时采用 SERVQUAL 模型方法和采用 SERVPERF 模型方法的优劣；同时对基于项目组合方法构建模型与整体模型简单地进行比较。

（5）Bootstrap 方法：采用此方法评价模型参数估计值的精度。

1.3 研究视角

迄今为止，有关服务质量评价，学者们从经营者（服务组织）、第三者（组织）和利用者（顾客）的视角进行了研究（宫城，2009；白井，1999；羽田，2001；山本，2007）。

基于经营者的视角进行评价是指为了应对顾客期待的变化，促进顾客满意，根据服务组织设定的服务标准或服务提供体系进行评价的方法（宫城，2009）。其中，基于制造业质量标准 ISO 9000s[①] 进行服务质量评价最具代表性（近藤，2000；宫城，2009）。但是，ISO 9000s 标准主要用于生产制品的质量评价，一旦用于服务质量评价，则存在只能评价其中的某一部分的问题（近藤，2000）。同时，羽田（2001）认为，采用 ISO 9000s 标准评价服务质量存在对 ISO 过高的期待和审查基准偏差等各种各样的问题。

---

① ISO 是国际标准化机构（International Organization for Standardization）的简称。关于“ISO 9000s”规格，羽田（2001）和宫城（2009）有详细介绍。

第三者（组织）评价①是指由独立于服务组织和利用者（顾客）的第三者或第三方组织实施服务质量评价的方法（石田，1999）。一方面由于组织提供的服务公开透明，在一定程度上顾客在购买服务之前能对服务质量进行评价；另一方面也有学者（石田，1999；永和，2005；山本，2007）指出，该方法存在确保评价标准正确、评价结果客观和第三者（组织）公正等问题。

基于顾客视角的评价，是顾客在服务体验后对服务进行主观评价的方法。在该方法中，SERVQUAL 模型（PZB，1988）最具代表性，也是服务市场营销领域最主要的评价方法（宫城，2009；浦野，2008；黄谦，2010；金山和中西，2014）。之所以要重视基于顾客的视角评价服务质量的方法，有以下 3 个方面的理由：第一，经营者认识到提升服务质量有助于提高服务组织的经营效益，并且是有效的竞争手段之一，提供服务的组织引入顾客营销，根据顾客的需求开展市场营销成为必然（阿部，2004）。因此，服务质量评价是服务组织经常要把握的课题，针对评价结果，只要有机会就要改善服务质量（佐藤和永田，2003）。从这点来看，基于顾客的视角评价服务质量尤为重要，必须关注顾客对服务质量的主观评价（Lewis 和 Gabrielsen，1998；佐藤和永田，2003；铃木，2004）。第二，根据前述服务质量的特性，服务质量需要顾客的主观评价来把握。也就是说，服务质量是顾客对服务的一种主观评价，顾客最适合对服务质量做出判断（佐藤和永田，2003；江岚和郭旭泓，2012）。第三，从现有研究来看，多数服务质量评价研究均立足于顾客的视角进行（浦野，2008；胡继东，等，2015）。

综上所述，在本研究中，不是采用服务组织的视角来评价服务质量，而是立足于顾客的视角来评价服务质量。本研究以健身俱乐部服务质量评价为主题，因此基于健身俱乐部会员感知服务质量评价的视角进行研究。

1.4 创新之处

第一，研究内容的创新。国内现有的研究，多集中于健身俱乐部服

① 在美国的医疗机构、大学教育、证券业等领域普及了第三者评价活动。在日本都道府县从 1993 年起实施作为主体的福祉服务评价事业，从 1997 年开始对医院实施第三者评价活动（石田，1999）。但在体育领域的第三者评价，对商业体育组织的服务质量评价的研究尚为鲜见。

务质量理论分析层面，缺乏实证研究。本研究参考国外较为成熟的服务质量评价模型，结合我国健身消费情景，开发出新的健身俱乐部服务质量评价模型，为我国健身俱乐部服务质量评价提供了一个新的工具，这是本研究内容的创新。

第二，重视研究方法的创新。一是采用 Bootstrap 方法评价模型参数估计值的精度，这在服务质量评价研究领域尚未见报道。二是采用模型界定搜寻（Model Specification Search）方法网罗性地分析健身俱乐部服务质量、顾客满意和行为意向之间的关系，这在服务质量评价研究中尚为鲜见。三是采用健身俱乐部服务属性的项目组合构建相关模型，与整体构建模型进行比较，探讨这 2 种方法构建模型的稳定性，这在服务质量研究中也难得一见。

第三，重要观点创新。本研究在国内相对较早地提出了结合我国健身消费情景评价健身俱乐部服务质量，开发新的健身俱乐部服务质量评价模型的观点。

1.5 研究框架

本研究构成如图 1 –2 所示，分为 5 个部分。

第 1 部分为绪论，介绍了本研究的背景、目的、意义、对象、内容、思路、方法、视角、创新之处和框架。

第 2 部分为理论研究。这部分研究以理论上阐述体育设施服务质量评价的现状和方法及其评价为主要内容。具体地说，首先，分析市场营销领域服务质量评价研究的变迁和现有的服务质量评价方法，以此把握服务质量评价方法和研究动向。其次，通过分析体育领域的服务质量评价研究及评价方法，明确体育设施服务质量评价存在的问题。最后，分析我国体育设施服务质量评价研究现状、健身行业发展及其研究状况以及对健身俱乐部服务质量进行评价的必要性。

第 3 部分为实证研究（Ⅰ）。根据文献述评明确了各相关概念操作方法与课题，开发了我国健身俱乐部服务质量评价模型。具体地说，首先，基于现有研究述评、现场考察和 2 次预备调查的结果，提出结合我国健身俱乐部实际情况的新的服务质量评价模型。其次，采用本研究正式调查得到的数据对提出的假设模型进行检验与改良。最后，对改良模型的信效度进行分析。

第4部分为实证研究（Ⅱ）。其主要是检验开发的健身俱乐部服务质量评价模型的有效性。实际上，对服务质量进行评价并非服务组织市场营销活动的最终目标，而应该是通过服务质量评价，改善服务质量，让顾客满意，促使满意的顾客再购买或向其他人推荐等，最终推进服务组织的发展。这意味着分析健身俱乐部顾客感知质量对顾客满意和再购买行为（或再购买意向）产生什么样的影响很有必要。因此，在本研究中，为了检验开发的服务质量评价模型的有效性，利用该模型，实证分析健身俱乐部会员感知服务质量与顾客满意、行为意向之间的关系。

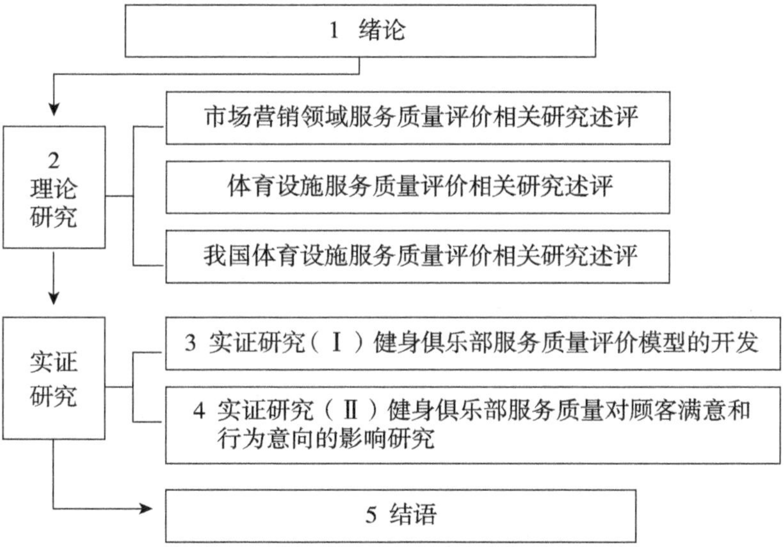

图1－2　研究构成

第5部分为结语。它是对本研究的结论、研究贡献和研究局限性进行的分析。首先，对SERVQUAL模型（PZB，1988）的重要性，根据服务种类评价服务质量的必要性，我国健身俱乐部服务质量的维度结构以及健身俱乐部会员感知服务质量与顾客满意、行为意向之间的关系进行概括。其次，分析本研究对健身俱乐部服务营销、服务质量评价方法和评价工具开发的贡献。最后，从样本问题、研究设计问题和数据处理问题等方面分析了本研究的局限性。

2 理论研究

2.1 本部分的构成

在服务市场营销领域，服务质量评价研究是一个重要的话题（Anderson，等，1994；Finn 和 Kayande，1998；铃木，2004），出现了较多的研究成果。为何出现这么多的研究成果，有以下 5 个方面的理由。

第一，与有形制品（东西）相比，服务具有无形性等特性，客观地捕捉服务质量相当困难（Grönroos，1990；PZB，1985，1988；佐藤和永田，2003）。

第二，作为服务质量评价的前提条件的服务质量的概念，在学界存在各种各样的解释和概念操作方法，不同研究者给出不同的概念及其操作化的场合较多（Ko 和 Pastore，2005；近藤，2003；山本，1999）。

第三，服务行业多种多样，难以对不同行业的服务质量进行综合评价（Carman，1990；中西，1995；Procter 和 Wright，1998）。

第四，由于服务质量为顾客所评价，因此其质量评价也依赖于顾客（南方和酒井，2006；野吕，等，2007；佐藤和永田，2003），带有较大的主观性。

第五，因为服务组织、顾客和员工对服务质量的认识有所不同，因此评价感知服务质量并非易事（PZB，1985，1988；铃木，2004）。基于这样的理由，有关服务质量评价依然是研究的热点。

铃木（2004）根据服务质量评价研究内容大致将其分为 2 种类型。根据他的观点，其一是服务质量维度结构的研究，其二是分析服务质量评价及其相关因素之间的关系。关于服务质量的维度结构的研究，其研究焦点是服务质量的维度和概念操作化的相关议论以及开发服务质量评价模型（Ko 和 Pastore，2005；近藤，2003；铃木，2004）。关于服务质量评价及其各种相关因素间的关系，服务质量是怎样形成的，并且服务质量相关因素是怎样影响服务质量的等研究较为多见（刘向阳，2003；铃木，2004；赵卫宏，2004）。

如上所述，从服务的特性看，可以说服务质量是抽象的、难以测量的，因此，本研究首先对服务的特性和服务的概念进行了述评。同时本研究以我国健身俱乐部的会员为调查对象，以评价体育领域的服务质量为目的，把握服务质量评价研究、现有质量评价模型、与此相关的体育领域的研究动向及我国的研究现状显得尤其重要。基于此，本章以下面的框架进行分析。在 2.2 部分，对本研究核心概念，即服务质量、顾客满意和行为意向的概念和测试方法分别进行界定。在 2.3 部分，分析市场营销领域的服务质量评价。为此本章首先概括有关服务的特征和服务质量评价研究的变迁，在此基础上整理关键的概念和测试模型。其次梳理服务质量的结构和服务质量的概念操作化等服务质量评价方法的研究。基于此，对采用 SERVQUAL 模型（PZB，1988）进行服务质量评价的研究进行详细介绍，同时对现有的服务质量评价及其相关的顾客满意和行为意向等变量之间的关系模型进行分析。在 2.4 部分，分析体育服务质量评价的研究现状和现有的评价模型以及存在的问题。在 2.5 部分，对我国健身俱乐部的发展、研究及其服务质量评价进行分析。首先分析我国服务质量评价的研究动向，其次对我国健身俱乐部的发展及其研究进行分析，最后分析我国健身俱乐部服务质量评价的现状。2.6 部分为理论研究的小结，概括现有研究的动向、服务质量评价的方法、服务质量评价的模型、相关研究存在的问题。

2.2 核心概念的界定

学者们（近藤，2003；宫城，2009；南方和酒井，2006；白井，1999；Procter 和 Wright，1998；浦野，2008）指出，服务质量的概念或质量评价的相关变量较多，不可能将这些变量全部进行考察。为了缩小议论的范围，本研究对所涉及的服务质量、顾客满意和行为意向等概念进行了界定。

2.2.1 服务质量

（1）服务质量的特征：有关营销领域的服务质量理论，被认为是从识别物品（产品）和服务的差异开始的（佐藤和永田，2003）。Zeithaml 等（1985）在对服务的相关研究进行梳理的基础上，分析了服务的特征，指出无形性（intangibility）、异质性（heterogeneity）、生产和消费的同时性（inseparability production and consumption）、消灭性（perishability）是被多数研究者认可的特征。Kotler、Bowen 和 Makens（1996）及 Kotler、Hayes 和 Bloom（2002）认为，服务具有无形性（intangibility）、不可分性（inseparability）、变化性（variablity）和消灭性（perishability）4 种特征。浅井（2003）主张，服务的特征包括无形性、一时性、非所有性、非库存性及非规格性。

就这样，虽然学者们的主张稍有差异，但多数研究者提出服务具有以下 4 种特征，即无形性、同时性（不可分性）、变动性（异质性）和消灭性（南方和酒井，2006）。Kotler、Bowen 和 Makens（1996）针对服务的特征，做了以下说明：无形性是指服务与制品不同，没有形状，在购买前看不到、闻不到、摸不到；不可分性是指服务的生产与消费同时进行，消费者参与不可或缺；异质性是指服务的实绩或质量难以保持，往往会随着服务提供者、提供时间和提供场所的变化而发生改变；消灭性是指服务不能像生产制品一样在仓库储存，只能存在于提供服务的那一段时间内。有关这 4 种特征之间的关系，冈崎（2004）主张，无形性是最基本的特征，正是因为服务具有无形性，才衍生了同时性、异质性和消灭性等特征。

（2）服务质量的概念：对于物品（产品）来说，从得到它以前就能够客观地评价其本质，也可以在事先做出相当准确的预测。吉田和中村（1992）认为，生产产品的质量应当被宽泛地理解，即一般来说，根据消费者的需求制作出产品的说明书等，然后根据生产设定的质量标准，根据产品的合格率或不良率等客观的数据评价生产产品的质量。像这样确定的产品质量是客观的质量。但是，这样的物品（产品）质量评价方法不适应服务质量评价（山本，1995；Zeithaml，1988）。

从服务的特征来看，有学者指出，要给服务下定义相当困难（Lovelock 和 Wright，1999）。例如，Kotler 和 Keller（2006）在无形性特征的基础上，认为服务是“一方为另一方提供的行为和行动，本质上是无形的”。Lovelock 和 Wright（1999）认为“服务指在特定的时间和场所创造价值，给予顾客利益的经济活动”。Grönroos（2000）则强调在提供服务过程中提供者和顾客的相互作用，将服务定义为提供者和顾客必须相互作用的、一切无形的经济活动。从这些学者的阐述看，与其说这是服务质量的定义，还不如说是服务提供过程的特征。基于这样的概念，一方面让人难以理解服务质量，另一方面在研究中很难对服务质量进行概念操作。

到目前为止，学者们虽然提出了几个不同服务质量的概念（González 和 Brea，2005，2007；南方和酒井，2006），但除了上述概念之外，多数学者将其视为消费者对特定服务的整体态度或者主观评价（Anderson，等，1994；Lovelock 和 Wright，1999；Procter 和 Wright，1998；PZB，1985，1988）。也就是说，在服务市场营销领域的服务质量，是顾客感知服务质量（perceived service quality），是指顾客对任意一种服务的主观评价（Grönroos，1982，1984；Lovelock 和 Wright，1999；PZB，1985，1988）。PZB（1985，1988）和 Zeithaml（1988）将其定义为消费者对服务整体的评价。Lovelock 和 Wright（1999）将服务质量定义为顾客基于长期的认识对某个特定组织提供的服务的评价。Kotler 和 Keller（2006）引用美国质量管理协会的定义，认为服务质量是能满足明确或非明确的需求的能力特征的综合的东西。在这 3 个定义之中，PZB（1985，1988）和 Zeithaml（1988）的定义是服务营销领域被采用最多的（Anderson，等，1994；Cronin 和 Taylor，1992；刘向阳，2003；浦野，2008；山本，1999）。根据这些学者的观点，本研究将服务质量定义为顾客感知服务质量，是顾客对服务的主观评价。在提供服务的情况下，因为其具体内容是无法明确的，所以对于其质量的评价不得不依靠消费者的感知（近藤，2000）。

（3）服务质量测定：有关感知质量的测定方法，Grönroos（1982）基于消费经验对服务期待的影响较大，继而影响顾客消费行为，同时消费后的评价也相当重要的理由，主张通过服务期待（service expectation）与服务绩效（service performance）的比较来评价服务质量。这样的概念与主张，成为其后 SERVQUAL 模型（PZB，1985，1988）开发的基础（刘月和罗利，2004；徐金灿，等，2002；山本，1999）。本研究参考 PZB（1985，1988）的概念操作化，开发出新的服务质量评价模型，对健身俱乐部服务质量进行测定。

2.2.2 顾客满意

（1）顾客满意的概念：在现有的研究中，顾客满意被区分为特定交易满意（transaction-specific satisfaction）和累积满意（cumulative satisfaction）2个不同的概念（Anderson，等，1994）。前者是指某次特定服务利用后的评价，后者是指基于长期利用某种服务的整体经验进行的综合的评价。顾客对设施的评价，被认为是顾客基于从过去开始积累的经验做出的判断（Bloch 和 Bruce，1984；Hoch 和 Deighton，1989；原田，等，1995；Schreyer，等，1984）。在本研究中，俱乐部会员的满意程度同样可以被认为是会员基于在长期利用健身俱乐部过程中积累的经验的判断。因此本研究，将顾客满意视为顾客满意，是顾客基于利用服务体验做出总体的服务质量评价，是一种累积满意。

（2）顾客满意的测定：有关顾客满意的概念和测定方法，虽然因研究者的立场或方法不同而存在较大的差异，但最为一般的是 Oliver（1980）提出的方法，即通过顾客期待与服务绩效的比较，顾客产生的与主观的心理状态不一致模型（阿部，2004；浅井，2003；中路和梁濑，1995；山本，1999）。该模型由事前期待与事后实绩评价的一致性确定满意程度，是在体育相关研究领域常常被使用的方法（柳沢，等，1998）。

2.2.3 行为意向

在消费者行为的相关研究中，行为意向常被作为实际行为的预测变量来使用（Baker 和 Crompton，2000；Murray 和 Howat，2002；Olorunniwo，等，2006；Yuan 和 Jang，2008）。这些研究主要依据某种特定行为能通过那人的行为意向来预测的行为意向模型（Fishbein 和 Ajzen，1975；Ajzen 和 Fishbein，1977；井上，1999；野吕，等，2007；杉本，1997；须藤，2008）。市场营销领域导入该模型之后，学者们发表了较多的应用研究，直到现在相关研究依然采用该模型（Kassarjian，1982；野吕，等，2007；Loken，2006）。

在服务市场营销领域，行为意向被定义为消费者对将来进行某种特定行为的可能性的主观预测（Gollwitzer，1993）。行为意向虽然可以通过再购买、向别人推荐、顾客忠诚、顾客抱怨等方面来测定（Zeithaml，等，1996），但使用再购买和向别人推荐等变量的场合相对较多（Cole 和 Illum，2006；Cronin，等，2000；Headley 和 Miller，1993；山本，1999）。

参考上述研究结果，本研究用行为意向替代顾客实际行为，将其视为服务质量一个重要的相关变量。这种方法在现有研究中较为常见，是一种能有效减少研究测定实际购买行为所需经费和所花时间的手段。

2.3 市场营销领域的服务质量评价

2.3.1 服务质量评价研究的变迁

西方诸国在应对服务经济快速发展的过程中产生了服务营销研究。20 世纪 50 年代，在教育、医疗、福利领域，开始出现服务质量评价研究；而在营销领域中，Regan（1963）成为正式研究的先驱者。20 世纪 70 年代到 80 年代，以北美与欧洲为中心，很多相关的研究文献得到了刊行（浅井，2003）。这些研究并不仅仅是对现有的营销理论和服务企业（组织）的援用，而是在对新的问题进行研究的过程中发展起来的（山本，1999）。

关于服务质量评价研究的发展经过，可分为几个阶段。例如，刘月和罗利（2004）将其分为 1970—1980 年（基础阶段）、1980—1990 年（形成阶段）、1990 年至今（发展阶段）3 个阶段。Fisk 等（1993）在对服务质量评价研究进行梳理的基础上，将其划分为乳儿期（1953—1980 年）、幼儿期（1980—1985 年）和少年期（1986—1993 年）。浅井（2003）在 Fisk 等（1993）分类的基础上，将 1993 年以后命名为青年期。以下根据 Fisk 等（1993）和浅井（2003）的观点，对各阶段研究状况进行概述。

乳儿期（1953—1980 年）：这段时期是关于以往的营销理论是否适用于服务质量评价的讨论时期（Fisk，等，1993）。在 1953 年出现了最早的有关服务质量评价的论文，这个时期议论的中心内容是服务特征、服务和物品的差异、产品质量管理的方法适用于服务业的可能性等。在这个时期，跨界的相关研究几乎没有，实证研究也较少（刘月和罗利，2004）。

幼儿期（1981—1985 年）：这一时期，研究者和发表的相关论文数量急速增加（Fisk，等，1993）。这个时期服务质量评价研究急速发展的背景是服务产业规制缓和与服务营销作为研究领域得以确立（近藤，2003；蒲生，2008）。在这个阶段中，服务质量的差距分析、服务的分类和服务混合等为服务质量评价研究的特定的主题（Fisk，等，1993；蒲生，2008）。

少年期（1986—1993 年）：在这个阶段中，有关服务质量评价研究内容，实证研究和理论研究的严格性得到加强，在营销研究领域中，服务营销研究的地位进一步得以稳固（Fisk，等，1993；蒲生，2008）。这个时期的主要议题是服务质量评价模型 SERVQUAL 的开发与应用、服务质量及其相关因素之间的关系等（Fisk，等，1993）。除此之外，学者们也开始了对服务营销战略计划和顾客满意等问题的理论性研究，以及对营销和组织理论、行动科学等的学术研究（浅井，2003；Fisk，等，1993）。

青年期（1994 年至今）：在这一时期，服务质量评价研究比前几个时期发展都要快（浅井，2003）。随着服务质量评价研究进一步精致化，研究题目也更加明确与细化。例如，服务质量、顾客满足、顾客价值等构成概念，这些构成概念的测定以及各概念之间的关系等研究较为多见。特别是各行业服务质量评价的实证研究和服务质量评价及其相关各种因素间的关系的模型化等成为研究的热点（浅井，2003；蒲生，2008）。不仅是西方先进国家，发展中国家也开始了相关的研究（浦野，2008）。

综上所述，尽管服务质量评价研究取得了较多的成果，但学者们一致认为尚未成熟。多数学者认为目前服务质量评价研究依然处于青年期，意味着在服务质量评价研究领域还需要大量的实证研究去支撑相关理论体系。

2.3.2 服务质量评价研究的代表性学派

到目前为止，服务质量评价研究较为多见，学者们开发的质量评价模型也为数不少（铃木，2004）。这些研究可分为北欧学派（Nordic School）和美国学派（American School）[①]（浅井，2003；Brady 和 Cronin，2001；Gummesson，1991；Mels，等，1997；刘建新和陈雪阳，2007；刘月和罗利，2004；松尾，等，2001）。北欧学派以 Grönroos

① 根据研究人员所在地进行分类是否妥当有待探讨，另外也有“北美学派”之说。

（1982，1984，1990）为代表的一系列研究为该学派的代表作，美国学派以 PZB（1985，1988，1991，1993，1994）为代表的一系列研究也是该学派的代表作（Brady 和 Cronin，2001；刘建新和陈雪阳，2007；铃木，2004）。前者主张服务质量由技术质量（technical quality）和机能质量（functional quality）等维度构成；后者认为服务质量包括有形性（tangible）、可靠性（reliability）、保证性（assurance）、响应性（responsiveness）和移情性（empathy）5 个维度。学者们（Brady 和 Cronin，2001；铃木，2004）指出北欧学派是基于立体的层面，而美国学派是基于平面的层面来诠释服务质量。

北欧学派：有关服务质量，Grönroos（1982）提出了感知服务质量的概念，由于顾客基于消费经验形成的服务期待对其购买选择行为的影响较大，同时消费后的实绩评价也很重要，因此他主张用服务期待和服务绩效的差异来评价感知服务质量。同时他认为制造业的质量评价模型运用于服务领域是不适宜的，他主张服务质量应该分为“是什么（what）”和“怎么样（who）”2 个维度，前者被命名为技术质量，后者被命名为机能质量。技术质量是顾客从实际的服务中获得的结果质量，是顾客能客观地进行评价的质量。机能质量是在提供服务过程中的质量，由顾客主观地进行评价（Grönroos，1984，1990）。此外，Grönroos（1984）在强调服务质量能从技术质量和机能质量 2 个方面来评价的基础上指出，顾客的服务期待与服务绩效评价将会对服务企业的形象（image）产生影响。他将服务质量区分为能客观地进行评价的服务和能主观地进行评价的服务，与 Mels 等（1997）的内部与外部服务的分类和 Buttle（1996）的有形性和无形性的区分相对应，影响了其他北欧学派的学者（松尾，等，2001）。

基于 Grönroos 的观点进行研究的学者较多。例如，Lehtinen 和 Laitamaki（1985）使用与 Grönroos（1982，1984）一样的分析框架，从制度质量（institutional quality）、物理质量（physical quality）和相互作用质量（interactive quality）3 个维度来评价医院的服务质量。Edvardsson 等（1994）主张服务质量由技术质量、相互作用质量、机能质量和结果质量（outcome quality）构成。Babakus 和 Mangold（1992）主张医疗服务的技术质量以诊断与医疗的正确性为基础，机能质量是指对患者的态度，并且前者是后者的函数。Rust 和 Oliver（1994）参考 Grönroos（1982，1984）的研究，提出一个由服务制品（技术质量）、服务提供

（机能质量）和服务环境3个维度构成的服务质量评价模型。

美国学派：基于Grönroos（1982）提出的感知服务质量的概念，北美的PZB（1985）通过对经营者与消费者进行访谈或问卷调查，将感知服务质量的结构模型化，从10个维度来测试。其后，PZB（1988）将10个维度精简到前述的5个维度，开发出被称为SERVQUAL的服务质量评价模型。接着，PZB在其一系列研究（1991，1993，1994）中对该模型进行检验和改良。PZB（1988）指出，SERVQUAL模型具有足够的有效性，可能适宜于各种各样的服务领域的质量评价。该模型引起了许多研究者的关注，采用该模型的研究较为多见（宫城，2009；铃木，2004；浦野，2008）。

在这2个学派之外，作为新的观点，Brady和Cronin（2001）提出了层次结构模型。他们认为北欧学派和美国学派都未能整体把握服务质量，因此结合这2个学派的观点，尝试开发出新的服务质量评价模型。他们参考Rust和Oliver（1994）提出的3维度结构模型与Dabhoolkar等（1996）提出的模型相结合，将SERVQUAL模型的5个维度作为下位项目，以此开发出层次结构模型。虽然该模型将北欧学派和美国学派分别论述的感知服务质量的结构统一了起来，但该模型的信效度还有必要进一步探讨（铃木，2004）。

就这样，有关服务质量评价的方法，虽然学者们基于不同的观点进行服务质量评价研究，但是超越美国学派代表性的SERVQUAL模型的开发研究尚未见报道，SERVQUAL模型依然是服务质量评价的核心模型（Grapentine，1998；近藤，2000；松尾，等，2001；铃木，2004；浦野，2008；山本，1999；黄谦，2010）。在实际服务营销领域，采用这个模型的实证研究较多（Ahmet，2005；Fatma和Harwood，2005）。以下对SERVQUAL模型进行具体介绍。

2.3.3 SERVQUAL模型

PZB（1985）表明了服务活动中存在5个重要的差距，提出了不仅要有服务的事前评价，还要加上事后评价的差距模型（gap model）测量服务质量，开始了服务质量评价体系的研究。此后，PZB（1988）在他们1985年研究提出的服务质量10个维度的基础上，进一步改良，精简到5个维度，并声称开发出了适应许多服务行业的SERVQUAL模型。

2.3.3.1 服务质量的差距分析模型

PZB（1985）为了探究与服务质量相关的经营者和顾客感知服务属性、服务经营团队的感知与顾客感知之间是否存在不一致，对4个服务业（银行业、信用卡业、证券业、电器修理业）中的顾客和经营团队进行了调查访谈。从这个调查可知，服务活动中存在5个重要的差距（图2－1），由此明确了这些差距是提供服务质量的一大障碍（hurdles）。

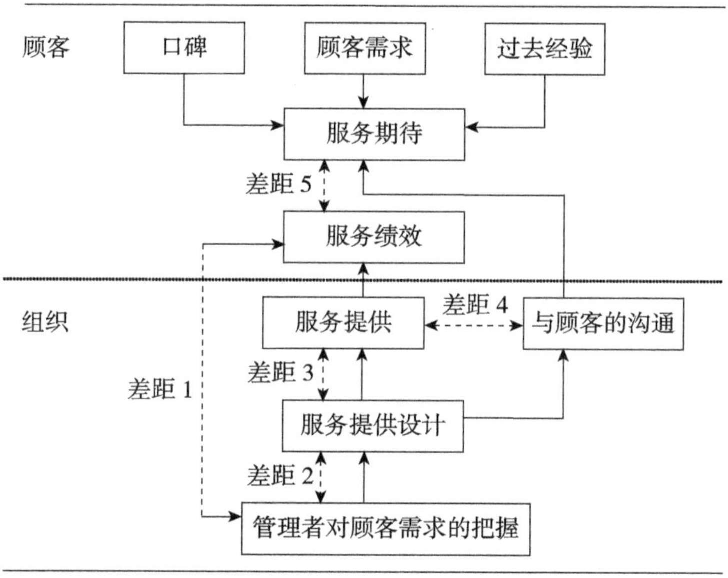

注：出自PZB（1985），p. 44。

图2－1 感知服务质量差距模型

差距1（GAP 1）是指顾客感知服务质量与管理者对顾客需求的把握之间的差距。也就是说，经营者对顾客期望什么样的服务、服务质量基于怎样的标准进行判断是否能正确了解。差距2（GAP 2）是指管理者对顾客需求的把握和服务提供系统的设计之间的差距。这个差距是在经营者虽然把握了顾客的需求，但在实际的服务中不能把相应的方案运用于实际的服务中时产生的。差距3（GAP 3）是指提供服务系统的设计与服务提供之间的差距。这是在经营者知道需要向顾客提供什么样的服务，并且也打算提供适当的服务，但由于员工等原因导致提供的服务与经营者设定的服务方式之间存在差距。差距4（GAP 4）是指实际提供的服务与在营销沟通时对消费者所做出的承诺之间的差距。如果服务组织在广告中对顾客做出了过多的承诺时，就会发生这一差距。差距 5（GAP 5）是指顾客对服务期待与感知服务绩效之间的差距。在这些差距中，从差距 1 到差距 4 与服务组织的营销机能有关，差距 5 与顾客对服务期待与感知服务绩效之间的差距相关。差距 5 是其他 4 个差距的函数，其他 4 个差距任意一个差距增大的话，差距 5 也会增大。

这个模型表明，服务组织应该努力平衡顾客的服务期待和实际提供服务的绩效之间的差距，有必要提高服务质量（宫城，2009）。Kotler 等（1996）指出，这个差距分析模型在为管理者提供怎样提升服务质量知识的同时，也有助于他们理解与服务质量相关的、潜在的问题。

2.3.3.2 SERVQUAL 模型的开发与构成

PZB（1985）采用顾客焦点小组访谈（focus group interviews），其结果表明，顾客在评价服务质量时，无论是哪个行业，基于 10 个维度都能评价服务质量。具体地说，这 10 个维度包括可靠性（Reliability）、响应性（Responsiveness）、胜任性（Competence）、接近性（Access）、礼貌性（Courtesy）、沟通性（Communication）、信用性（Credibility）、安全性（Security）、理解性（Understanding the customer）和有形性（Tangibles）（图 2－2）。这 10 个维度是基于定性研究的结果，PZB（1985）指出有必要对它们进行实证研究。

在这样研究结果的基础上，PZB（1988）通过 2 次收集数据对测定基准进行了精致化。在第一次调查中，PZB（1985）对每一个维度提出了 10 项左右的下位属性项目，得到了共计 97 个项目组成的尺度。然后对电气产品的修理保全、银行、长途电话及信用卡服务业 5 个行业的利用者 200 人（每一行业各 40 人）进行事前调查服务期待、事后调查服务绩效评价 2 次问卷调查。在调查中得到了 97 个项目各自的服务期待和服务绩效评价的得分以及这两者之差，即服务质量的得分。首先根据服务质量的得分，采用 Cronbachα 系数和修正完毕的项目合计相关（corrected item－to－total correlation）精简了项目。结果抽出了 10 个维度 54 个下位项目。接着对这 54 个项目采用探索性因子分析（主因子法和斜交旋转），将因子负荷量小的项目除外，得到了 7 个维度 34 个项目。最后用这 7 个维度 34 个项目制定成调查问卷实施第二次调查，调查对象为电气产品的修理保全、银行、长途电话及信用卡 4 个服务业的用户 200 人。采用第一次的数据收集、测量基准等精致化的方法，结果最终开发出了5个维度22个项目构成的SERVQUAL模型。

SERVQUAL模型是衡量顾客服务期待和服务绩效评价的差距模型。在这5个服务维度中，有形性、可靠性、响应性保留了PZB（1985）的维度，而移情性是将PZB（1985）的理解性和接近性合并而来的维度，保证性是将PZB（1985）的沟通性、信用性、安全性、胜任性和礼貌性5个维度合并而来的维度（图2－2）。有关SERVQUAL模型的5个维度，PZB（1988）做出如下解释：有形性是指设施、设备、员工的外观；可靠性是指正确地实行所承诺的服务；响应性是指帮助客户提供迅速的服务的热情；保证性是指工作人员的礼貌和知识、信用、可信赖性；移情性是指对顾客的关心和考虑顾客个人的事情等。在这5个维度中，PZB（1988）指出可靠性是服务质量的中心，是美国顾客服务质量评价最重要的因素。

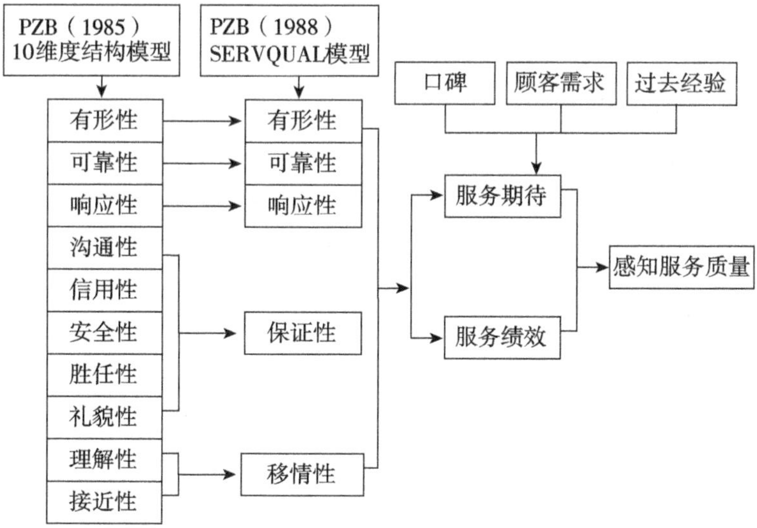

注：SQ＝服务质量；CS＝顾客满意；BI＝行为意向。

图2－2　SERVQUAL模型

2.3.3.3　SERVQUAL模型的实证研究

有关SERVQUAL模型（PZB，1988）被开发出以后的服务质量结构研究，中村（2008）将其归纳为以下3种类型：第一种是与PZB（1988）大体上同样过程的追寻研究。也就是说，根据PZB（1985）10

维度结构模型用探索性因子分析进行服务质量维度特定的研究（如 Carman，1990；中西，1995）。第二种是 SERVQUAL 模型（PZB，1988）适用研究（如 Finn 和 Lamb，1991；Cronin 和 Taylor，1992；丁玉峰，等，2008）。第三种是在 SERVQUAL 模型（PZB，1988）的维度中，改变部分维度，即追加其他维度，或用某种维度来替换的研究（Headley 和 Miller，1993；松尾，等，2001；佐藤和永田，2003；高贺和刘军，2008；严利，等，2009；张新安和田澎，2006；黄谦，2010）。在本研究中，分别将这 3 种研究依次命名为"10 维度结构模型的适用研究""SERVQUAL 模型的适用研究"和"SERVQUAL 模型的改良研究"。以下是对 3 种类型研究进行的述评。

（1）10 维度结构模型的适用研究：这些研究是基于 PZB（1985）10 维度结构模型的适用研究。例如，Carman（1990）使用 PZB（1985）提出的尺度，以牙科诊所、职业介绍所、轮胎专卖店、急救医院 4 个行业的顾客为对象进行了问卷调查。结果表明，顾客感知服务质量不完全能由 5 个维度来解释。基于这样的结果，Carman（1990）指出，根据调查对象和服务的特征，有必要设置新的维度或项目，或者改变测试项目和测定尺度的阶段。中西（1995）根据 Carman（1990）的方法，采用 PZB（1985）的 10 维度结构模型对公共体育场馆服务属性 45 个项目进行了探索性因子分析。其结果是开发了一个由 7 个维度 40 个项目组成的公共体育场馆服务质量评价模型，同样未能支持 PZB（1985）的 10 维度结构，也不能支持 SERVQUAL 模型的 5 维度结构。

（2）SERVQUAL 模型的适用研究：这些研究是应用 SERVQUAL 模型（PZB，1988）5 维度结构测试服务质量的研究。SERVQUAL 模型（PZB，1988）是能适用于全部行业的、一般化的服务质量测量标准（PZB，1991），因此对市场营销研究产生了很大的影响（Grapentine，1998）。许多研究者采用该模型对医疗（Brown 和 Swartz，1989），比萨外卖（Richard 和 Allaway，1993），电力和煤气公司（Babakus 和 Boller，1992），大学图书馆（Nitecki，1996；于良芝，等，2005），观光服务（Fick 和 Ritchie，1991；Mangold 和 Babakus，1991；Ross，1993），教育机关、剧场（徐明和于君英，2001），航空（Ostrowski，1991），银行（Spreng 和 Singh，1993；Riadh，2009），害虫驱除、干洗、快餐和银行（Cronin 和 Taylor，1992），业余活动、体育设施（原田，1991；Kouthouris 和 Alexandris，2005；MacKay 和 Crompton，1990；Yu，等，

2006；黄谦，2010）等领域的服务质量进行了测试。这样的研究结果，一方面让经营者获得了改善和提高现有服务质量的启示和管理知识、见识，另一方面也明确了 SERVQUAL 模型存在的问题（中村，2007；中西，1995；佐藤和永田，2003）。例如，Babakus 和 Boller（1992）使用 SERVQUAL 模型对电力和煤气公司的顾客进行了问卷调查，其结果表明了 SERVQUAL 模型的 5 维度结构未能得到确认，指出感知服务质量的维度结构依存于服务行业特征。于良芝等（2005）使用 SERVQUAL 模型（PZB，1988）评价大学图书馆的服务质量的结果，SERVQUAL 模型的 5 维度结构未能得到确认，并且揭示出模型内容的妥当性存在问题。她们进一步指出，如果使用 SERVQUAL 模型（PZB，1988）评价大学图书馆服务质量的话，那就必须进行大幅度的调整。Spreng 和 Singh（1993）以银行的顾客为对象进行问卷调查，以此调查数据为基础，对 SERVQUAL 模型 5 维度结构实施了验证性因子分析，结果模型的拟合程度较低。基于这些研究结果，学者们强调，从研究流程的初期阶段就应该开发新的服务质量测试项目。

在这样的 SERVQUAL 模型（PZB，1988）应用研究中，Cronin 和 Taylor（1992）发表的论文是对服务质量评价做出重要贡献的研究之一（山本，1999）。Cronin 和 Taylor（1992）将 SERVQUAL 模型应用于害虫清除、干洗、快餐和银行 4 个行业，结果揭示了 SERVQUAL 模型的 5 维度结构与调查数据的拟合程度达不到被认可的要求。另外，对 SERVQUAL 模型构成 22 个项目的绩效评价值进行确认因子分析结果显示，在调查的 4 个行业中，有 3 个行业的模型与数据的拟合程度达到了可被接受的水平。基于这样的研究结果，他们建议仅使用服务绩效评价来测试服务质量，他们将该模型命名为 SERVPERF。关于这一点，PZB（1994）指出 SERVPERF 模型的基础薄弱，再次强调采取服务期待值的有用性。

（3）SERVQUAL 模型的改良研究：这种类型的研究，是在 SERVQUAL 模型（PZB，1988）的基础上，变更 SERVQUAL 模型中的某些维度或测定项目进行实证的研究。这样的研究很多，研究结论也大相径庭。例如，松尾等（2001）的研究结果存在过分重视非有形性因素，而轻视有形因素问题点。具体地说，以前的 SERVQUAL 模型对服务的有形方面用有形性这单一维度来测试，相反，他们却是用经验性有形性和探索性有形性 2 个与有形性相关的维度导入 SERVQUAL 模型，以此来调查酒店的客人进行检验模型的有效性。其结果是有形性被区分为经验性有形性和探索性有形性 2 个维度，与非有形性的维度相比，有形性的维度对服务质量、总体满意度和重新使用意向影响更为强烈。

佐藤和永田（2003）在对 SERVQUAL 模型（PZB，1988）的方法论特征和问题点进行讨论之后，有关图书馆服务的技术质量追加了相关 12 个项目制成调查问卷进行调查。对收集的数据进行探索性因子分析的结果是与 SERVQUAL 模型不同的 4 个维度被抽出了。基于这样的结果，他们指出在图书馆服务质量的测量中，只使用 SERVQUAL 模型的 22 个项目是不够的，有必要引进图书馆服务固有特征相关的项目。

张新安和田澎（2006）将 SERVQUAL 模型（PZB，1988）应用于电力公司的服务评价的结果表明，SERVQUAL 模型不加以改变的话不适用于电力公司的服务质量评价。然后其在 SERVQUAL 模型 5 维度结构的基础上，追加被称为安定性的维度和 2 个项目，即制成 6 个维度 24 个项目组成的尺度用来调查。对获得的数据进行确认性因子分析的结果是 10 个项目从分析中除去，最后得到一个由 6 个维度 14 个项目构成的模型。他们基于这样的研究结果，主张 SERVQUAL 模型本身的一般化是困难的，建议以 SERVQUAL 模型为基础，有必要结合行业的特点开发新的服务质量评价尺度。

2.3.3.4 SERVQUAL 模型的问题

SERVQUAL 模型（PZB，1988）从顾客的立场诠释服务质量的概念和测量的标准，这种手法的产生对服务质量研究来说具有较大的意义（浦野，2008）。尽管如此，许多研究者对 SERVQUAL 模型进行适用研究的结果揭示了其存在的几个问题。关于这样的批判，松尾等（2001）和中村（2007）将其归纳为期待问题和服务维度问题。

（1）期待问题：它主要是指在评价服务质量的时候是否真有必要测试服务期待的问题。SERVQUAL 模型（PZB，1988）基于顾客事前服务期待和事后绩效评价的比较来测量服务质量的想法，与顾客满意测量的期待不一致模型的想法类似（Oliver，1980）。因此，有学者（Cronin 和 Taylor，1992）质疑服务质量与顾客满意是不是同一个概念。就这样，尽管学者们批判 SERVQUAL 模型，但是有下列 5 个理由，在服务质量测量时应该考虑服务期待。第一，服务组织根据顾客服务的期待值和事后的服务绩效评价值的比较，能诊断所提供的服务是否能满足顾客需求。因此，学者们（Grapentine，1998；Grönroos，1984；PZB，1988，1994）强调测试顾客期待值的有用性。第二，PZB（1985）基于焦点访谈小组访谈的结果表明，服务组织、员工和顾客这三者对服务质量的感知存在差距。基于此，通过对顾客服务期待和服务绩效评价的比较来测定服务质量获得了明确的支持。第三，Anderson 等（1994）和 Oliver（1993）认为，顾客满意是顾客在享受服务后整体的满意度，服务质量是顾客满意的先行因素之一。也就是说，如果基于这样的考虑，服务质量和顾客满意的区别是明确的，对服务质量和顾客满意是同一概念的质疑是站不住脚的。第四，SERVPERF 模型（Cronin 和 Taylor，1992）的概念操作化虽然与 SERVQUAL 模型不同，但其测定项目和维度均遵循 SERVQUAL 模型。因此，可以说 SERVPERF 模型是以 SERVQUAL 模型为基础而开发的模型。第五，PZB（1994）对受到批判的论文的数据进行再验证，其结果是他再次强调了差距模型的重要性，并基于此反驳了 Cronin 和 Taylor（1992）的质疑。综上所述，有关是采用差距模型还是只采用服务绩效评价来测试服务质量的争议，在现有的研究中没有一个一致的见解，是一个难以解决的问题。

（2）服务维度问题：它主要指 SERVQUAL 模型的 5 维度结构是否合适，另外就是该模型是否适用于所有行业等问题（中村，2007；永田，等，2000）。SERVQUAL 模型使用了哪个行业都适用的、抽象的表现，因此不少学者（Carman，1990；Lam，等，2005；松尾，等，2001；中村，2007；中西，1995；佐藤和永田，2003）指出，该模型缺乏能体现每个服务行业特点的表现要素的场合很多，对于特定行业来说，存在主要维度和测定项目没有反映出来的可能性。从上述的研究来看，与 PZB（1988）提出的 5 维度结构相一致的研究比较少见，结合服务行业对维度或测定项目多少进行重组的研究较为多见。另外，有关 SERVQUAL 模型的维度问题，PZB（1993）也指出，SERVQUAL 模型只是服务质量评价的出发点，并非服务质量评价的最终方法，存在参考行业的特征对模型进行适当调整的可能性。为应对 SERVQUAL 模型的这些问题，本研究开发了我国健身俱乐部服务质量评价模型，并且对其有效性进行了检验。

2.3.4 服务质量与顾客满意、行为意向之间的关系

2.3.4.1 服务质量、顾客满意和行为意向

把握顾客的购买行为是市场营销的本质，如果不能理解顾客的购买行为，任何组织都无法提供让顾客满意的服务（Lovelock 和 Wirtz，2007）。也就是说，服务组织有必要加深理解顾客购买欲望和反复购买等行为的引导因素（Cronin，等，2000；Lee，2004；Olorunniwo 和 Hsu，2006）。理解提供的服务对顾客满意和顾客的购买行动（行为意向）等会产生怎样的影响，是提高顾客满意度、培养顾客积极的购买行动或行为意向的关键（Olorunniwo 和 Hsu，2006）。Reichheld 和 Sasser（1990）的研究发现，获得新顾客的费用比维持现有顾客的费用相对较高，而且顾客重复购买行为越多，企业利润越高。随着这一观点的渗透，服务质量、顾客满意、行为意向被相关人员视为重要的构成概念，有关三者之间的关系的讨论也引起了学者们的关注（Cronin，等，2000；Dabholkar，等，2000；Lee，等，2004）。但是，这 3 个构成概念，都是基于顾客主观判断进行评价的。现有研究对三者之间的关系也存在不同的见解。接下来对有关服务质量、顾客满意、行为意向之间的关系的研究进行概述。

2.3.4.2 服务质量与顾客满意、行为意向之间的关系

有关服务质量、顾客满意和行为意向之间的关系，在现有研究中大致存在如表 2－1 所示的 4 种类型。

（1）服务质量与行为意向：有关服务质量与行为意向之间的关系，Cronin 和 Taylor（1992）的研究结果表明，顾客的服务质量评价和再购买意向之间存在正相关关系；Headley 和 Miller（1993）则报告了服务质量评价对顾客的再购买意向或向家人、朋友推荐意向或顾客抱怨施加的直接影响。

（2）顾客满意与行为意向：顾客满意与行为意向之间的关系，顾客满意对顾客的再购买意向（Anderson 和 Sullivan，1993；Bitner，1990），对他人的推荐意向和再访问意向（Antti 和 Ugur，2005）施加积极的影响。另外，Heskett 等（1994）的研究结果表明了顾客对过去经验的服务满意程度越高，再购买意向越高，服务组织的顾客维持率也会越高。

表2-1 服务质量、顾客满意和行为意向之间的关系的代表性研究

类型	研究者	调查对象	相关变量	因变量	自变量
服务质量或顾客满意对行为意向施加影响	PZB（1988）	银行、信用卡、证券和产品修理行业的顾客	SQ，BI	BI	SQ
	Brown 等（1993）	商务课程学生	SQ，BI	BI	SQ
	Headley 和 Miller（1993）	医院的患者	SQ，BI	BI	SQ
	Zeithaml 等（1996）	汽车保险业等 4 个行业的顾客	SQ，BI	BI	SQ
	Bernhard 等（2000）	快餐店的顾客	CS，BI	BI	CS
顾客满意通过服务质量对行为意向施加影响	Bitner（1990）	国际机场的利用者	SQ，CS，BI	BI	SQ
	Bolton 和 Drew（1991）	家庭电话服务的顾客	SQ，CS，BI	BI	SQ
	Tian-Cole 等（2002）	野外避难设施利用者	SQ，CS，BI	BI	SQ，CS
服务质量通过顾客满意对行为意向施加影响	Dabholkar 等（2000）	教会设施利用者	SQ，CS，BI	BI	CS
	Caruana（2002）	银行客户	SQ，CS，BI	BI	CS
	Olsen（2002）	海产品购买者	SQ，CS，BI	BI	CS
	Olorunniwo 和 Hsu（2006）	银行客户	SQ，CS，BI	BI	CS
	Cole 和 Illum（2006）	大型活动参与者	SQ，CS，BI	BI	CS
服务质量直接影响行为意向的同时，服务质量通过顾客满意对行为意向施加影响	Anderson 和 Sulliivan（1993）	航空等 13 个行业的顾客	SQ，CS，BI	BI	SQ，CS
	Baker 和 Crompton（2000）	观光客	SQ，CS，BI	BI	SQ，CS
	Lee 等（2004）	国有林利用者	SQ，CS，BI	BI	SQ，CS
	Olorunniwo 等（2006）	酒店顾客	SQ，CS，BI	BI	SQ，CS
	González 等（2007）	温泉度假村顾客	SQ，CS，BI	BI	SQ，CS

注：SQ=服务质量；CS=顾客满意；BI=行为意向。

（3）服务质量与顾客满意：对顾客满意是服务质量的前因，还是服务质量是顾客满意的前因，学者们展开了激烈的争议（Oliver，1993；Ruyter，等，1997）。一方面，学者（Cronin 和 Taylor，1992，1994；Lee，等，2004；Ruyter，等，1997；Spreng 和 Mackoy，1996）将顾客满意视为顾客对服务质量积累的满意，而服务质量是顾客满意的前因之一。另一方面，一些学者（Bitner，1990；Bolton 和 Drew，1991）认为顾客满意为某一特定交易的满意程度，将顾客满意视为服务质量的一个前因。也就是说，顾客满意对顾客感知服务质量会产生直接的正向影响。

（4）服务质量与顾客满意、行为意向：这样的研究基于顾客满意的作用可以分为两种情况。一方面，Olsen（2002）研究表明了海产品消费者感知的服务质量通过顾客满意对使用频率施加间接的影响。Caruana（2002）发现，银行的顾客服务质量评价不是直接对再利用或向他人推荐意向施加影响，而是顾客满意在服务质量与再利用或向他人推荐之间起着中介作用。另外，Cole 和 Illum（2006）同样发现，大型活动参加者的满意在服务质量和再访问或对他人的推荐意向之间发挥着中介的功效。也就是说，顾客满意在顾客感知服务质量对行为意向或购买行为的影响中发挥着完全中介的效果。

另一方面，Baker 和 Crompton（2000）以旅游者为调查对象的研究结果表明，顾客满意对再访问意向的影响，服务质量通过顾客满意对再访问意向的间接影响超过了服务质量对再访问意向施加的直接影响。Lee 等（2004）以国有林利用者为调查对象的研究结果，同样揭示了服务质量通过顾客满意对行为意向的间接影响要大于服务质量对行为意向的直接影响。Olorunniwo 等（2006）以酒店利用者为调查对象的研究结果，也支持 Baker 和 Crompton（2000）和 Lee 等（2004）的研究结果。从整体上来说，这类研究最大的特点是，顾客满意在顾客感知服务质量对行为意向或购买行为的影响过程中发挥着部分中介作用。

2.4 体育领域的服务质量评价

2.4.1 体育领域的服务质量评价的研究现状

受其他服务行业的影响，体育领域对体育设施提供的服务质量进行了相关的评价研究。例如，学者们对职业体育（McDonald，等，1995）、健身界（Chelladurai，等，1987；Lam，等，2005；Papadimitriou 和 Karteroliotis，2000）、体育设施（Crompton 和 Mackay，1989；Howat，1996；藤本，等，1992；Kim 和 Kim，1995；Mackay 和 Crompton，1988，1990；中西，1995；山崎和長積，1994）的服务质量进行了研究。这些研究具有以下几个方面的特征。

第一，对服务质量评价的方法本身进行充分分析的研究尚为鲜见。这些都是借鉴其他领域的服务质量评价方法或服务质量评价模型应用于研究体育领域的研究（Ko 和 Pastore，2005；刘兵，等，2006a）。

第二，体育领域的服务质量评价研究相对落后于其他领域的相关研究。在营销领域，服务质量研究从 20 世纪 70 年代起主要在北美和欧洲盛行（近藤，2000；山本，1999）。运动领域虽然也在那样的潮流的影响下开始了相关研究，但是直到 20 世纪 80 年代后期相关研究也没有营销领域那么活跃（Crompton，等，1991；Ko 和 Pastore，2005）。

第三，体育领域的服务质量评价研究体系尚未确立（Ko 和 Pastore，2005；Lam，等，2005；刘兵，等，2006a；山崎和長積，1994）。体育服务的场合，具有其他服务行业不同的特点，即利用者自己能动地生产和消费服务（柳沢，等，1998；中路和梁瀬，1995），利用者的服务评价可能受工作人员（指导员）、服务项目、设施和设备等因素的影响（Dhurup，等，2006；Kim，等，1995；Ko 和 Pastore，2005；Lam，等，2005；Papadimitriou 和 Karteroliotis，2000）。然而，如前所述，体育领域因为借鉴其他领域服务质量评价方法的研究较多，所以到目前为止，学者们开发出来的模型，不能说一定充分地反映了体育服务行业的特点（Lam，等，2005；刘兵，等，2006a）。学者们（Lam，等，2005；刘兵，等，2006a；杨铁黎，等，2005）指出，现有相关模型的内容效度和构成概念的妥当性有必要进行进一步分析。

第四，体育设施服务质量评价模型尚待完善。现有的研究大多采用探索性因子分析，有的模型很难基于专业知识进行解释［如 Soita（2012）开发的模型最终因为 SERVQUAL 模型的 5 个维度下位服务属性项目相互交错而无法进行解释］，有的研究甚至对采用何种旋转都没交代清楚（如刘兵，2007）。有的模型服务属性项目偏多［如 Ko 和 Pastore（2005）开发的模型 SSQRS 包括有 49 个服务属性项目］，作为测量工具，可操作性不强。

2.4.2 体育领域现有的服务质量评价模型

在体育领域，也开发了多个服务质量评价模型。Hudson 等（2004）对有关服务质量的概念操作化研究进行述评，指出重要性—绩效分析（importance - performance analysis，以下简称 IPA）模型（Martilla 和 James，1977）、SERVQUAL 模型（PZB，1988）、SERVPERF 模型（Cronin 和 Taylor，1992）和层次结构模型（Brandy 和 Cronin，2001）这 4 个模型是闲暇活动、体育领域的服务质量评价研究者最常采用的模型。学者们主张这 4 个模型各有优点，都可以用于服务质量评价。在体育领域，以这 4 个模型为基础的实证研究也较多。

另一方面，体育领域的服务质量评价研究中，虽然学者们对服务质量的构成维度的检验付出了较大的努力，但依然未能取得一致的意见（Ko 和 Pastore，2005；Lam，等，2005；刘兵，等，2006 a）。在现有研究（Dhurup，等，2006；Kim，等，1995；Ko 和 Pastore，2005；Lam，等，2005；Papadimitriou 和 Karteroliotis，2000）中，工作人员（包括指导员在内）、服务项目、设施与设备等被认为是体育服务质量的重要因素。Lam 等（2005）指出，这 3 个因素是现有体育设施服务质量评价模型之中共同的维度（表 2－2）。

表 2－2 体育领域代表性的服务质量评价模型

模型		维度			
开发者	维度/项目	工作人员（指导员）	服务项目	设施与设备	其他
PZB（1988）	5/22	可靠性、响应性、移情性、保证性	—	有形性	—
Brandy 和 Cronin（2001）	3/27	相互作用质量（如态度、专业性）	—	物理环境质量、结果质量（有形性）	—
MacKay 和 Crompton（1990）*	5/22	可靠性、响应性、移情性、保证性	—	有形性	—
Crompton 等（1991）*	4/25	可靠性、响应性、保证性	—	有形性	—

续表

模型		维度			
开发者	维度/项目	工作人员（指导员）	服务项目	设施与设备	其他
Kim 等（1995）	11/33	态度、可靠性	服务项目	环境的便利性	社交、情报、考虑个人、价格、特权、安心
中西（1995）*	7/40	可靠性、响应性、保证性、够个性、便利性、移情性	—	可视性	—
Howat 等（1996）	4/15	工作人员质量（如知识、响应性）	核心服务（如活动范围）、周边服务（如托管）	一般设施（如停车场、设施清洁）	—
Howat 等（1999）	3/19	工作人员	周边服务（如托管）	核心服务（如停车场）	—
Papadimitriou 和 Karteroliotis（2000）	4/24	指导员质量	服务项目入手可能性与提供	设施的魅力与经营	其他服务
Ko 和 Pastore（2005）*	4/49	相互作用质量	服务项目质量、结果质量	物理环境质量	—
Lam 等（2005）	6/40	工作人员	服务项目、托管	更衣室、物理设施、练习用设施	—
Dhurup 等（2006）*	8/39	工作人员	服务项目与健康诊断	机能设计、便利性与情报、环境与入手可能性、设施魅力	安全与支持、会员

续表

模型		维度			
开发者	维度/项目	工作人员（指导员）	服务项目	设施与设备	其他
Lagrosen S 和 Lagrosen Y (2007)*	9/?	关系能力	技术能力	物理设施	愉悦、和谐、完美等
Soita (2012)*	3/24	可靠性+保证性、移情性+响应性	—	有形性+可靠性	—
金山和中西 (2014)	4/33	确实性、移情性	便利性	有形性	—
Wicaksono 和 Aprianingsih (2016)*	4/13	交互质量	项目质量	物理环境质量	结果质量
Lagrosen 和 Lagrose (2016)	3/9	—	—	—	心理变化、物理变化、愉悦

注：根据 Lam 等（2005），p. 85 改订；—表示无相关维度；*表示笔者列入的模型；? 表示不详。

因此，为了把握运动领域现有模型的特征，本研究按照 Hudson 等（2004）的观点，对现有模型的服务质量的概念操作方法进行分类。同时参考 Lam 等（2005）的方法，将这些模型 3 个共同维度，即工作人员（指导员）、服务项目、设施与设备进行整理，如表 2－2 所示，以此指出现有模型的共同点。

2.4.2.1 IPA 模型

Martilla 和 James（1977）将 Fishbein 的多属性态度模型应用于服务质量评价。他们采用 IPA 模型评价汽车经销商提供的服务，对 14 个服务属性项目的重要性和绩效评价进行了测试。纵轴为顾客对服务项目重要性的评价，横轴是顾客对服务绩效的评价，根据 2 个维度满意空间图中的坐标点来把握顾客对各服务属性项目的评价，基于研究结果他们指出了 IPA 模型的有效性。菊池和守能（1997）认为，IPA 模型具有简单、直观，并且容易理解，特别是不需要复杂的统计处理的特征，能有效地评价服务质量。

在体育领域，学者们采用 IPA 模型进行了服务质量评价的研究。例如，Guadagnolo（1985）将 IPA 模型用于跑步活动的服务质量评价。菊池和守能等（1990）、Hollenhorst 等（1992）采用 IPA 模型评价野外露营场的服务质量。山崎和長積（1994）对体育俱乐部的服务属性的重要性和事后绩效评价进行了测试，以此评价服务质量。同时，菊池和守能（1997）应用 IPA 模型评价体育俱乐部的服务质量。同样，Hudson 和 Shephard（1998）在评价滑雪度假村的服务质量时应用了 IPA 模型。

Yildiz（2011）采用健身中心服务质量量表（SQS－FC）对健身中心的服务进行重要性—绩效分析（IPA）。他使用土耳其私人商业健身中心 246 人的个人访谈样本分析健身中心服务质量属性，结果表明，SQS－FC 模型包括人员、物理环境、配套服务和服务项目 4 个维度 25 个服务属性项目。这揭示了 IPA 在健身中心服务质量评价中的适用性，并指出健身中心客户最重要的服务因素是项目、人员和物理环境。此外，IPA 分析结果表明，顾客对人员和项目较满意，物理环境重要但绩效评价较差，而配套服务不重要，绩效评价也较差。

Albayrak 和 Caber（2014）以土耳其安塔利亚市中心体育俱乐部的 160 名顾客为调查对象，采用 Lam 等（2005）开发的 SQAS 量表测试服务质量。其采用验证性因子分析方法，抽出工作人员、项目、更衣室、体育设施、健身设施 5 个维度 20 个项目，然后采用 IPA 分析法进行服务质量评价。结果发现，“锻炼设施”和“服务项目”是 IPA 结果中的“需要改进”属性，利用者对“健身设施”和“更衣室”比较满意。

2.4.2.2 SERVQUAL 模型

Jasinskas 等（2013）认为，SERVQUAL 模型（PZB，1988）具有以下 3 个方面的优势：一是能对不同行业的服务质量进行评价；二是因为该模型测试顾客的服务期待、服务绩效，能把握服务差距，提供的综合信息较多；三是也可以适应特定组织的需要。他们同时指出该模型也存在以下不足：测试项目是主观评价，是普遍的；没有提供关于额外付费时服务满足期望的信息；质量的评价取决于期望值。在体育领域，通过对顾客的服务期待值和绩效评价值的比较来把握服务质量的研究也不在少数（Crompton，等，1991；原田，1991；原田，等，1991；Howat，等，1996；MacKay 和 Crompton，1990；中西，1995）。

北美学者（MacKay 和 Crompton，1990）较早地将 SERVQUAL 模型（PZB，1988）应用于体育领域，在最初 128 个属性项目的基础上，根据分析结果提出了由有形性、可靠性、保证性、响应性和移情性 5 个维度 25 个项目构成的模型。该研究对利用者期待的服务和实际体验的服务进行比较进而评价服务质量。Crompton 等（1991）采用探索性因子分析，对这 25 个项目的维度结构进一步分析，结果 MacKay 和 Crompton（1990）提出的 5 维度结构未能获得支持，而是得到了一个 4 维度结构的模型。Crompton 等（1991）将这 4 个维度命名为有形性、可靠性、保证性和响应性（表 2 – 2）。

中西（1995）为了弄清公共体育设施服务质量的结构，在 PZB（1985）提出的 10 维度结构模型的基础上，结合体育设施现状和利用者情况建立 10 个维度 45 个项目的尺度，测试各个项目的绩效评价值与期待值，基于两者的差距采用主成分分析和斜交旋转，最终得到了一个由 7 个维度 40 个项目构成的模型（表 2 – 2）。

Howat 等（1996）以体育中心的利用者为调查对象，对根据专家访谈得到的 15 个服务属性项目用主成分分析和斜交旋转进行探索性因子分析，结果开发了一个由核心服务（core services）、工作人员质量（staff quality）、一般设施（general facility）和周边服务（secondary services）4 个维度构成的服务质量评价模型（CERM – CSQ）。此后，Howat 等（1999）再次以体育中心的顾客为调查对象，对 19 个服务属性项目用主成分分析和斜交旋转进行探索性因子分析，结果抽出了工作人员、核心服务和周边服务 3 个维度。在这 2 个模型中，均有工作人员（指导员）、服务项目和设施等因素。

Aslan 和 Koçak（2011）以评价高校体育健身中心的服务质量为研究目的，以土耳其安卡拉市 7 所高校体育健身中心的学生、学者和行政人员 484 名（女 194 名，男 290 名）为调查对象。其采用服务质量评价量表土耳其版（SQAS – T）作为工具。其对调查结果采用描述性统计分析。结果表明，高校体育健身中心的服务质量没有达到用户的期望水平。

Soita（2012）利用 SERVQUAL（PZB，1988）5 维度结构模型测量乌干达的健康和健身行业的感知服务质量，参考 SERVQUAL 模型并结合健身行业的特点，筛选出 24 个服务属性项目，随机抽取乌干达全国

58 个健身中心的 486 位顾客进行调查，采用主成分分析法对健身中心的服务质量属性的维度结构进行分析，结果抽出特征值大于 1、累积方差贡献率为 72.945% 的 3 个维度。也就是说，SERVQUAL 模型的 5 维度结构在本研究中得不到支持。其中第一个因子包含 SERVQUAL 模型可靠性和保证性的内容；第二个因子包含 SERVQUAL 模型移情性和响应性的内容；第三个因子包含 SERVQUAL 模型有形性和可靠性的内容。由于该研究中并没对这 3 个因子命名，为了便于分析，本研究将这 3 个因子分别命名为"可靠性 + 保证性""移情性 + 响应性"和"有形性 + 可靠性"①。

金山和中西（2014）参考 SERVQUAL 模型对残疾人公共体育设施的服务质量进行评价，对 33 个项目采用探索性因子分析（主因子 + Varimax 旋转）抽出特征值大于 1、累积方差贡献率为 56.931% 的 4 个维度。这意味着 SERVQUAL 模型的 5 维度结构在此研究中也未能获得支持。他将这 4 个维度命名为"确实性""移情性""便利性"和"有形性"，由此开发了由 4 个维度 33 个项目构成的服务质量评价模型。

Gawyar 等（2014）利用 SERVQUAL 模型对伊朗洛雷斯坦省 6 个城市 28 个公立健身俱乐部的 155 名顾客进行调查，结果发现有形性、可靠性、响应性、保证性和移情性 5 个维度的服务评价值均为负值，也就是说，俱乐部提供的服务的绩效评价与顾客的期待存在差距，并且 SERVQUAL 模型的 5 个差距均具有显著的统计学意义（$P<0.001$）。基于此结果，建议公立俱乐部管理者寻求理解顾客对服务的期待，努力提高服务质量。

除此之外，原田（1991）采用 MacKay 和 Crompton（1990）提出的 5 个维度 25 个项目的模型测试了公共、第三部门和民间 3 种体育俱乐部会员的服务期待值和绩效评价值以及服务质量的得分（期待值和评价值之差），对这 3 种俱乐部的服务质量进行比较。

---

① 该研究采用 SERVQUAL 模型（PZB，1988）进行服务质量评价，但分析结果 SERVQUAL 模型 5 维度结构没能获得支持，由于下位服务属性项目相互交错，作者对模型没有进行解释。详情请见 Soita P W. Measuring Perceived Service Quality Using SERVQUAL: A Case Study of the Uganda Health and Fitness Sector [J]. International Journal of Business and Social Science, 2012, 3 (5): 261-271。

2.4.2.3 SERVPERF 模型

在体育领域，也存在与 SERVPERF 模型一样仅通过测试服务绩效来评价服务质量的研究（Kim，等，1995；Lam，等，2005）。

Kim 等（1995）参考 SERVQUAL 模型，以韩国体育设施的利用者为调查对象，开发了服务质量评价模型。该研究对最初 45 个服务属性项目采用主成分分析和 Varimax 旋转进行探索性因子分析，最终得到 11 个维度 33 个项目的服务质量评价尺度（QUESC）。如表 2－2 所示，在这 11 个维度中，有 5 个维度与工作人员（指导员）、服务项目、设施与设备 3 因素有关。Jasinskas 等（2013）指出，QUESC 模型具有评估健身服务质量的具体项目，是一个综合评价模型，并且注重人力资源分析，但也存在模型质量评估项目过多、项目表达不清、新项目考虑不足和使用质量评估项目来表达服务期望的问题等方面的不足。

Lam 等（2005）以健身俱乐部的会员为调查对象，采用预备问卷调查获得的数据对最初 46 个服务属性项目进行探索性因子分析，结果得到 40 个服务属性项目。然后将这 40 个项目制成调查问卷实施正式问卷调查，将回收到的 1 202 份有效问卷随机分成 2 份，其中 1 份采用 Alpha 因子分析法和 Promax 旋转进行探索性因子分析，另 1 份进行验证性因子分析。结果得到一个由 6 个维度 40 个项目构成的服务质量评价模型（SQAS）。这 6 个维度是工作人员（staff）、服务项目（program）、更衣室（locker room）、物理设施（physical facility）、练习用设施（workout facility）和托管（child care）。如表 2－2 所示，这 6 个维度与工作人员（指导员）、服务项目、设施与设备 3 因素相关。Jasinskas 等（2013）认为，SQAS 模型选择了最合适的评价标准，是专门为健身服务质量的研究而设计的，同时项目的规模较明确，但该模型也存在许多项目和它们的重要性的差异被忽略、模型只适用于提供各种服务的健身中心等问题。

2.4.2.4 层次结构模型（Hierarchical Models）

Ko 和 Pastore（2005）参考 Brandy 和 Cronin（2001）提出的分层多维度模型（hierarchical 和 multidimensional models），以大学内体育设施利用者（大学生）为调查对象，开发了一个分层多维度的服务质量评价方法。该模型（SSQRS）由服务项目质量、相互作用质量、结果质量和物理环境质量4个维度11个下位项目构成。其中，这11个下位项目包括49个服务属性项目。该模型的4个维度也与工作人员（指导员）、服务项目、设施与设备3因素相关（表2-2）。

Lagrosen S和Lagrosen Y（2007）采用扎根理论的方法，对瑞典健康和健身行业的15家公司进行多案例研究，认为健康和健身行业的服务质量包括关系能力和技术能力2个大的方面，其中包括愉悦、社交、物理设施、精神变化、身体变化、自我放松、和谐、完美和功能9个维度。Lagrosen和Lagrosen（2016）为了验证由她们2007年提出的服务质量评价理论模型，对瑞典67个健身中心进行调查，采用探索性因子分析，结果抽出3个维度9个下位因子，即心理变化（和谐、自信、灵性）、身体变化（完美、力量、耐力、缓解疼痛）和快乐（乐趣、愉悦）。

Wicaksono和Aprianingsih（2016）使用了一个层次结构模型（SSQPS），对印度尼西亚的健身房的服务质量评价。该模型由项目质量（项目范围、操作时间和信息）、交互质量（员工的态度、员工的经验、员工的专业知识和用户之间的互动）、结果质量（物理变化、价值、社交能力）和物理环境质量（环境、设计和设备）构成，即该模型包括4个维度13个服务属性项目。

除了上述3种模型之外，在体育领域还有学者如Chelladurai等（1987）、Dhurup等（2006）及Papadimitriou和Karteroliotis（2000），通过服务属性项目的重要性的得分来评价服务质量。其中，Chelladurai等（1987）开发的模型（SAFS）包括专业（如知识和技能）、消费者、项目质量、主要设施和周边设施5个维度。Papadimitriou和Karteroliotis（2000）采用Kim等（1995）开发的模型对希腊的体育健身中心的服务质量进行评价，采用主成分分析和Varimax旋转进行探索性因子分析，得到一个由指导员质量（intructor quality）、设施的魅力和经营（facility attraction和operation）、服务项目入手的可能性与提供（program availability和delivery）和其他的服务（other service）4个维度24个项目构成的模型。Dhurup等（2006）采用主成分分析和Varimax旋转进行探索性因子分析，开发出南非健身俱乐部8个维度39个项目的服务质量评价模型（表2-2）。

2.4.3 体育设施的服务质量评价及其相关变量之间的关系

有关体育设施的服务质量与顾客满意等相关变量的关系研究，大致可以分为以下 3 类。

2.4.3.1 服务质量对顾客满意等变量施加影响的研究

Alexandris 等（2004）利用 Brady 和 Cronin（2001）提出的层次结构模型的简化版测试健身俱乐部顾客感知服务质量，并分析服务质量、顾客满意和心理承诺之间的关系。数据来自希腊私人俱乐部的 175 名顾客。服务质量由互动质量、环境质量、结果质量 3 个维度构成。验证性因子分析的结果支持了服务质量的 3 维度结构，环境质量和结果质量维度显著地影响顾客满意度，而顾客满意对口碑的影响大于对心理承诺的影响。

Terzoglou 等（2012）评估了希腊塞萨洛尼基东部的私人健身中心的服务质量。他采用 Alexandris 等（2004）改正的模型，对 4 家私人健身中心的 250 名顾客进行了问卷调查。调查结果发现，服务质量的 5 个维度与参与者职业和教育程度之间没有统计学上的显著差异。但该 5 个维度与利用者的参与频率之间有统计学上的显著差异。回归分析显示，体育服务的可靠性与预期结果与未来参加体育锻炼的意向有显著相关。

Smith 等（2014）以南澳大利亚州首府阿德莱德市 6 家连锁健身俱乐部的 294 名顾客为对象，探讨服务质量、顾客满意和顾客忠诚之间的关系。结构方程模型分析的结果表明：各变量的影响路径为感知服务质量→结果质量→顾客满意→顾客忠诚。其中，特别令人感兴趣的是，员工交互质量对结果质量和顾客满意施加正向显著的影响，但对舒适程度产生显著的负向影响；物理环境质量正向显著影响顾客满意，但对结果质量影响不明显。

Najafzadeh 和 Shiri（2015）以伊朗西北部城市 Tabriz 有氧健身俱乐部的 383 名会员为调查对象，分析感知服务质量和顾客价值、顾客忠诚感之间的关系。线性回归分析结果表明，感知服务质量能很好地预测顾客忠诚度，并得出一个回归方程：顾客忠诚 = 0. 398 + 0. 677 × 感知服务质量 + 0. 158 × 感知价值。

Nietos 等（2015）为了探讨服务质量、顾客满意和再访意向之间的关系，以希腊娱乐主题公园的272名访问者为调查对象，评价了参与者的感知质量、满意度和再访意向。结果表明，满意度与再访意向（$r = 396$，$P < 0.001$），质量与再访意向（$r = 372$，$P < 0.001$）之间，满意度与再访意向之间存在显著的正相关（$r = 396$，$P < 0.001$）。基于此，建议对主题公园的管理工作进行适当的规划设计，改进服务质量。

Mirazizi（2015）以伊朗克尔曼沙赫市420名入会半年以上的健美运动员为调查对象，探讨健身俱乐部运动员满意度的影响因素。结果发现其存在性别差异，其中女性感知的影响因素依次为员工的行为、可利用性、价格、设施与设备、培训课程，而男性则依次为设施与设备、培训课程、价格、员工的行为、可利用性；并且有关培训课程、设施与设备这2个因素男女之间差异不显著，而员工的行为、价格、可利用性这3个因素在男女之间存在显著的差异。

Schijns和Conté（2015）基于文献构建了一个由服务质量、顾客满意、信任、态度忠诚和行为忠诚等变量组成的关系模型，通过网络发送给荷兰的2家体育俱乐部的所有240名成员进行问卷调查，分析了这些变量间的关系。结果发现，服务质量对顾客满意和行为忠诚产生直接显著的影响；对信任和态度忠诚通过顾客满意施加间接的显著影响；顾客满意对信任、态度忠诚和行为忠诚均产生显著的直接影响；信任对态度忠诚和行为忠诚施加显著的正向影响，态度忠诚也直接影响行为忠诚。

Oztas等（2016）为了测量顾客对私人健身中心的顾客所感知到的气氛、满意度和忠诚度之间的关系，以土耳其私人健身中心至少入会半年的503名会员为调查对象，采用相关分析和回归分析法检验各变量之间的关系。结果发现，健身中心的美观、健身中心的气氛和灯光对顾客满意施加正向积极的影响，其路径系数分别为0.275和0.301，且均具有显著的统计学意义（$P < 0.001$），同时顾客满意对顾客忠诚也产生显著的正向影响，路径系数为0.322（$P < 0.001$）。他们指出，基于此可以更好地理解气氛在顾客满意和忠诚行为中的重要性。

Cheung和Woo（2016）以75名中国香港的健身和娱乐机构的会员为调查对象，对感知服务质量的决定因素实行了实证研究。结果发现，设施的设计质量、娱乐设施、交互质量和结果质量对整体服务质量施加正向积极的影响，而环境条件对整体服务质量的影响不显著，同时整体服务质量对购买意向施加正向积极的影响。

Barshan等（2017）采用SERVQUAL模型的21个项目，以伊朗厄尔布尔土省游泳池的361名顾客为调查对象，探讨服务质量、顾客满意和顾客忠诚之间的关系。结果发现，顾客感知服务质量的5个维度——有形性、可靠性、响应性、保证性和移情性均对总体满意度施加显著影响，同时，总体满意度对顾客态度和行为忠诚的影响的路径系数分别为0.53和0.36，均具有显著的统计学意义（$P<0.01$）。

2.4.3.2 顾客满意在服务质量对行为意向等变量影响过程中起着部分中介作用

Tsitskari等（2014）为了检验健身机构顾客的服务质量评价，顾客满意和心理承诺之间的关系，以塞浦路斯315名健身消费者为调查对象，采用逐步回归法分析发现：一是服务质量评价对顾客满意有较好的预测作用；二是顾客满意也可以预测心理承诺；三是服务质量可以直接预测心理承诺。也就是说，顾客满意在服务质量评价与心理承诺之间起着部分中介作用。向顾客提供优质服务，继而让其满意，是健身中心会员的心理承诺实现的关键。

Voon等（2014）以实证检验体育比赛和训练时体育场馆的服务质量（SSQ）与情感体验（EE）和用户满意度之间的关系。他以马来西亚240名场馆的运动员为调查对象实施调查，结构方程模型分析的结果表明，服务质量由周边服务、可靠性、响应性、核心服务和价值5个维度18个服务属性项目组成；核心服务、周边服务和价值对用户情感体验有正面影响，周边服务、可靠性、反应性和核心服务对顾客满意有正面影响；情感体验在服务质量对顾客满意的影响过程中起着部分中介作用。这意味着提供优质的服务直接影响到顾客对体育场馆的满意度，能提升顾客的满意度。他们指出，特别是在体育环境和人员方面，体育场馆管理者应加强监督管理服务。

Theodorakis等（2014）分析了健身中心服务质量、顾客价值、顾客满意和行为意向之间的关系。他们首先基于文献构建了3个相关变量模型，其次基于希腊健身中心332名顾客的数据，分别检验了数据与3个模型的拟合度，从中找出最佳模型进行相关变量之间的关系分析。结果发现，顾客满意作为服务质量和价值、行为意向之间的中介变量的模型，为最佳模型。具体地说，服务质量对顾客满意和顾客价值施加显著的正向影响，同时服务质量通过顾客价值对顾客满意施加显著的间接影响，服务质量通过顾客满意对行为意向施加显著的间接影响。而顾客价值对行为意向的影响不具有统计学意义上的显著影响。

Wicaksono 和 Aprianingsih（2016）对印度尼西亚健身房的服务质量评价、顾客满意度和顾客忠诚度的关系进行了探讨。结果发现，一是服务质量对顾客满意度有显著影响，即服务质量越高，顾客满意度越高；二是服务质量对顾客忠诚度有显著影响，提升服务质量会增加顾客的忠诚度；三是顾客满意度与顾客忠诚度呈正相关，顾客满意度会增加顾客的忠诚度。也就是说，顾客满意在服务质量与顾客忠诚之间起着部分中介作用。

2.4.3.3 顾客满意在服务质量对行为意向等变量影响过程中起着完全中介作用

Robert 和 Cindy（2011）为了探讨 Lagrosen S. 和 Lagrosen Y.（2007）提出的技术能力和关系能力为服务质量要素是否有助于顾客满意度的发展，以雅加达健身俱乐部 200 名利用者为调查对象获取数据，验证构建的相关变量之间的关系模型。基于结构方程模型分析，结果表明，技术能力和关系能力作为服务质量的维度，与顾客满意度呈显著正相关，并且顾客满意在服务质量对服务忠诚的影响过程中具有完全中介作用。

Herstein 等（2014）以分析私人健身休闲设施的服务质量与顾客满意之间的关系为目的，采用 SERVQUAL 模型测试以色列健康俱乐部 200 名顾客感知服务质量和顾客满意。结果发现，SERVQUAL 模型的 5 个维度均对顾客满意施加显著的正向影响。感知私人品牌通过感知服务质量对顾客满意施加间接影响，即感知服务质量在其中发挥着完全中介作用，并指出服务供应商应考虑实施私人品牌战略，以加强对服务质量的重视。

Schijns 等（2016）以分析体育服务质量对运动俱乐部态度与行为忠诚的影响为目的，收集来自荷兰的 2 家体育俱乐部 124 名成员的数据，基于偏最小二乘法来测试由服务质量、满意、信任和忠诚构成的综合模型。值得注意的是，虽然服务质量对行为忠诚有显著的直接影响，但服务质量对行为忠诚的影响主要是间接的，是通过满意度和信任影响行为忠诚的。满意和信任在服务质量对态度忠诚影响的过程中起着完全中介作用。基于此，他们建议一个体育俱乐部的管理人员必须监控服务性能及其潜在的驱动因素（如员工、项目和设施），以便随时了解并改进所带来的影响。因此，服务质量成为一个强有力的管理工具，能帮助体育管理者提高顾客满意度、信任和忠诚度。

2.4.4 体育领域服务质量评价研究的分析

上述对体育领域服务质量评价研究进行了述评，通过述评明确了以下几点。

首先，有关服务质量，学者们提出了较多的维度，但是从内容来看，在这些维度中，多数与“工作人员（指导员）”“服务项目”“设施与设备”这3个因素相关。由此可知，在评价体育领域的服务质量时，这3个因素是服务质量评价的强有力的候选维度。

其次，服务质量的概念操作化，与服务属性的重要度、服务期待和服务绩效评价这3个概念相关联。正如学者们（Elliott，1994；Hudson，等，2004；Jain 和 Gupta，2004）所主张的一样，虽然这些对评价各自的服务质量来说有用，但在 SERVQUAL 模型的概念操作化是最为常用的也是无可争辩的事实。这意味着可以认为 SERVQUAL 模型是体育领域评价服务质量的基础的模型。特别是在有必要把握顾客的服务期待的场合，这样的概念操作化具有重要的意义。

再次，现有的模型虽然有各自的优点，但是这些模型的通用性还有必要探讨。这具体表现在以下3个方面：第一，关于服务质量的构成要素，现有的研究已经明确了根据行业和现场的状况变更构成要素的必要性。基于此，与这些研究相比，如果处理行业和利用者的状况不同，就不能直接应用这些模型，而是有必要对各模型的通用性进行分析。第二，如果顾客的获得和维持是服务质量评价的最终目的，就有必要分析利用者的服务质量评价及其相关的各种因素（如顾客满意和再利用行为、再利用意向等）之间的关系。基于这样的视角，有必要通过这些变量间的关系探讨服务质量评价模型的有效性。第三，关于分析方法问题。这些研究大多是基于主成分分析的结果提出的质量评价模型（如 Dhurup，等，2006；Howat，等，1996，1999；Kim，等，1995；中西，1995；Papadimitriou 和 Karteroliotis，2000）。然而，狩野（2002c）和小野寺和山本（2004）指出，从严格意义上来讲主成分分析不完全是因子分析，与其他因子分析法相比，采用主成分分析时存在因子负荷量和共同性被过大导出的可能，同时存在因子数量被低估的可能性。基于这样的分析方法获得的模型都是探索性的，不能说都经得起验证。在这样的情况下，Ko 和 Pastore（2005）及 Lam 等（2005）主张与其使用探索性因子分析的方法，不如基于相关理论构建模型，然后采用验证性因子分析更为恰当。

最后，体育设施的服务质量与顾客满意等变量之间的关系研究表明，服务质量是顾客满意的一个重要驱动因素，但顾客满意在服务质量与行为意向等其他变量之间的关系中是起着部分中介作用还是完全中介作用，依然存在较多的争议，还需要更多的实证研究去验证。

2.5 我国健身俱乐部的发展及其服务质量评价研究的现状

2.5.1 我国服务质量评价研究的动向

我国从1992年开始实施市场经济体制，但服务业发展历史很短，对服务质量这一概念的关注也是近期的事情。因此，与西方诸国相比，服务质量研究起步较晚（刘月和罗利，2004；徐金灿，等，2002）。近年来，服务业的快速发展和欧美的服务、营销理论和方法导入的同时，人们对服务质量更加关心，服务质量评价成为研究的中心领域，也出现了较多的研究成果（柴盈和韦福祥，2004；刘兵，等，2006a；徐金灿，等，2002；朱正浩和刘丁己，2009）。

通过中国知网（www. cnki. net）检索篇名为“服务质量”的文献显示，我国最早的1篇文献发表于1986年，此后7年未见论文发表，1994—1998年的5年间，每年也仅有1篇论文发表。从1999年开始，论文数量有所增加，直到2009年突破了100篇。此后发表的论文数持续攀升，到2015年达到峰值224篇。从2016年开始，研究论文数呈现出下降的趋势。1999—2016年我国发表的服务质量与健身俱乐部相关论文数如图2－3所示。

有关服务质量评价，学者们对评价方法的述评（如柴盈和韦福祥，2004；邓富民，2004；刘向阳，2003；刘建新和陈雪阳，2007；刘月和罗利，2004；徐金灿，等，2002；朱正浩和刘丁己，2009）和服务属性的讨论（朱沆，等，1999），服务质量的评价及其各相关因素之间的关系的讨论（范秀成和杜建刚，2006；王永贵，2002；温碧燕和汪纯孝，2002；赵卫宏，2004）等进行了研究。除此以外，还存在服务质量评价特征和补救（recovery）（李所和于渤，2004）、文化差异（韦福祥和韩经纶，2003）、服务公平（温碧燕和汪纯孝，2002）等因素对顾客感知服务质量的影响研究。在这些研究中，虽然理论性的文献较多，但学者们对餐厅（温碧燕和汪纯孝，2002）、酒店（韦福祥和韩经纶，2003）、医院（朱沆，等，1999）、旅游（汪纯孝，等，2001）、电信（王永贵，2002）、美容院（赵卫宏，2004）等行业进行了实证研究。

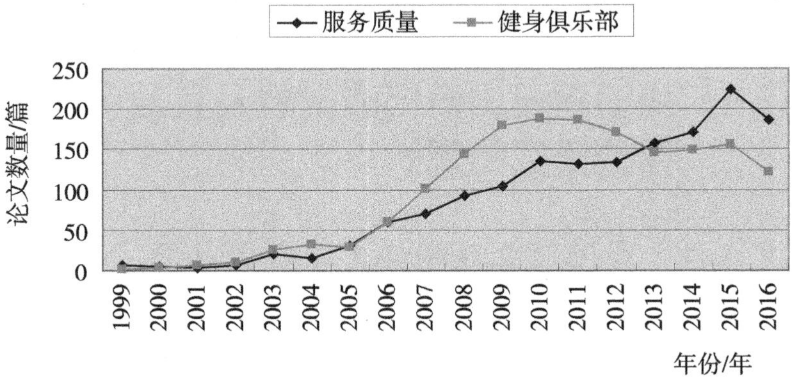

图 2－3　1999—2016 年我国服务质量与健身俱乐部相关研究论文数量变化

我国学者对 SERVQUAL 模型也进行了相关研究。例如，学者们分别对将 SERVQUAL 模型应用于大学图书馆（于良芝，等，2005）、电力公司（张新安和田澎，2006）、医院（严利，等，2009；丁玉峰，等，2008）、电子交易商（周涛和鲁耀斌，2007）、铁路运输公司（高贺和刘军，2008）、剧场（徐明和于君英，2001）进行了研究。另外，采用 SERVQUAL 模型评价酒店（马鹏和王天佑，2007）和旅游（续嵩，2007）服务质量等研究也见报道。研究结果（丁玉峰，等，2008；马鹏和王天佑，2007；续嵩，2007；于良芝，等，2005；张新安和田澎，2006；周涛和鲁耀斌，2007）表明，将 SERVQUAL 模型应用到我国的服务行业时，有必要对它进行调整和修正。

总之，我国服务质量评价存在研究理论的东西多、实证的东西少的现状。关于服务质量的评价，刘向阳（2003）、刘月和罗利（2004）、朱正浩和刘丁己（2009）主张在导入欧美的先进理论和方法的同时，改良国外的评价方法或开发我国的评价尺度是今后的研究方向。

2.5.2　我国健身俱乐部的发展及其研究现状

我国的商业健身俱乐部出现在改革开放之后。关于我国健身俱乐部的发展，李永智等（2002）将其分为 3 个阶段。

第1阶段为发展初期（1985—1991年）。从1985年开始，为了改善我国的投资环境，沿海地区如广州、上海、深圳等地出现了面向外国人的少数健身俱乐部。这是我国商业健身俱乐部发展的开始阶段。

第2阶段为缓慢增长期（1992—1995年）。这个时期，我国开始被导入市场经济体制，在沿海地区出现了很多面向国内富裕阶层的商业健身俱乐部，一些白领开始利用健身俱乐部进行健身。

第3阶段为生长期（1995年至今）。在1995年以全体国民为对象的健康增进和生涯体育振兴为目的的《全民健身计划纲要》开始实施，在经济飞速发展的同时，城市居民对健身消费的需求增加。面向大众的商业健身俱乐部数量也在急剧增加，我国健身俱乐部进入了快速的生长期。

目前，我国的商业健身俱乐部主要集中在沿海地区和内地经济较为发达的城市，在这些地区，居民加入健身俱乐部成为健身热潮（李永智，等，2002；刘兵，等，2006a）。利用者大部分为比较年轻的、高学历的白领（刁在箴，等，2002；乌兰和周庆杰，2001）。在我国加入世界贸易组织之后，很多国际健身俱乐部的连锁店和健身相关公司进军我国。随着外资和中外合资的健身俱乐部数量急剧增加，俱乐部之间为了获取顾客竞争激烈。当然，不光是健身俱乐部的设施和服务项目，而且在服务方面也出现了很明显的动向（李永智，等，2002；肖淑红，2005；刘兵，等，2006a）。为了获取和维持顾客，对健身俱乐部来说，提高服务质量和顾客满意成为越来越重要的课题。

有关健身俱乐部的研究情况，根据中国知网提供的文献，检索条件设定为篇名“健身俱乐部”时显示：我国最早的研究出现在1999年，当年发表了2篇论文，直到2007年才突破100篇，高峰期2009—2012年，每年发表相关论文均在170篇以上，其中2010年为189篇，达到峰值。此后，到2016年为止，研究论文数有所下降（图2-3）。由此可见，在2008年北京奥运会之后，我国健身俱乐部研究迎来了一个高潮，这与我国健身俱乐部发展趋势一致。

从研究内容看，其主要集中在以下几个方面。第一，健身俱乐部发展现状与对策研究。这些研究主要是调查我国各地的健身俱乐部发展状况，分析存在的问题并给出对策。这样的论文在研究早期相对较多（如张岩和柳伯力，2000；王进和张林，2001；刁在箴，等，2002；李永智，等，2002；王岳洲，2004；钟天朗，等，2004）。第二，健身俱乐部营销研究，如肖淑红（2005）等。学者们对会籍营销、体验营销、关系营销、服务营销、市场营销、SWOT营销、网络营销和差异化营销等进行了研究。第三，健身俱乐部教练员研究，如魏琳等（2016）。这些研究涉及教练员的生存现状、专业能力、资质、薪酬、素质、培训等方面。第四，健身俱乐部消费行为研究，如乌兰和周庆杰（2001）、张连民等（2003）、黄菁和黄晓灵（2004）等。这些研究主要包括消费群体现状、消费水平、消费行为、消费结构等方面。第五，健身俱乐部管理研究，如崔永霞和师玉涛（2012）等。这些研究主要涉及管理模式、管理现状、价值链管理、经营管理、质量管理、人力资源管理和财务管理等。第六，健身俱乐部服务项目相关研究，如连桂红和刘建刚（2005）等。例如，项目需求调查、项目开展现状和项目设置等研究。第七，健身俱乐部价格设定相关研究，如张雪飞等（2004）。例如，定价策略分析和价格现状以及服务价格影响因素等方面的研究。第八，健身俱乐部的安全问题研究，如韩凤月和刘永东（2002）等。研究涉及安全隐患及预防、安全事故原因及预防等。第九，健身俱乐部服务研究，如杨铁黎等（2002a，2002b，2005）、刘兵（2007）、刘兵等（2006a，2006b）、郑旗和张鹏（2015）等。其内容包括服务质量评价、标准体系和提升对策，顾客满意和服务忠诚等相关研究。

2.5.3　我国健身俱乐部的服务质量评价

从1999年开始，我国学者对体育设施服务质量评价的方法和服务质量评价的重要性进行了相关研究。基于中国知网提供的文献（检索条件：设定篇名为“健身俱乐部”并含“服务质量”），我国以健身俱乐部服务质量为篇名的论文最早出现在2004年，到2016年每年都有相关研究发表。但文献数量较少，在2004—2016年的13年中，只有44篇论文，其中2004年、2006年、2012年和2016年分别仅有1篇论文发表，2011年发表9篇论文，2015年发表7篇（图2－4）。由此可见，到目前为止我国体育健身俱乐部服务质量评价研究相对较少。

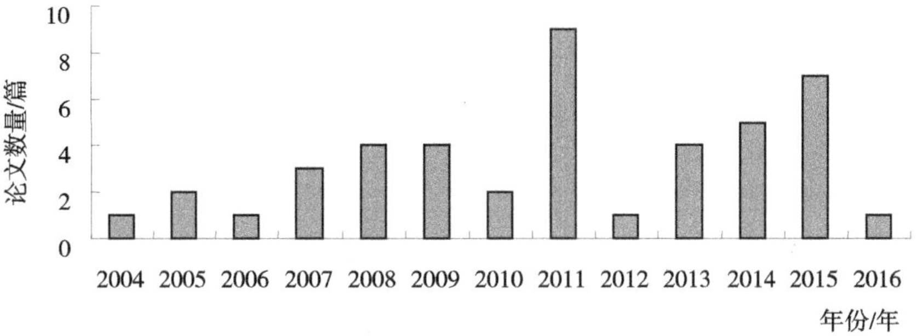

图 2-4　2004—2016 年我国健身俱乐部服务质量研究论文数量

我国体育设施服务质量研究大致可分为以下 2 类：一是服务质量评价研究，二是服务质量测定及其相关变量之间的关系研究。其中，前者可分为理论性研究和实证性研究。

2.5.3.1　服务质量评价研究

第一，我国学者对体育设施服务质量评价的必要性和可行性进行了分析。刘兵等（2006b）基于满足利用者的需求和更好地发展我国健身业的理由，提出建立健身娱乐业服务质量评价模型具有重要的意义与价值。杨铁黎等（2002a）指出我国在加入世界贸易组织之后，发展我国运动服务业，建立与我国体育设施利用者的需求变化相适应的服务质量管理体系是必要的和可行的。陈春和钟东（2016）探讨了目前我国高校校内健身俱乐部服务质量存在的问题，借鉴现代服务营销理论，提出了高校校内健身俱乐部服务质量管理的方案，试图为相关人员指明高校校内健身俱乐部的发展方向。

第二，体育设施服务质量评价的理论性分析。关于体育设施服务质量评价方法，陈雪龄（1999）从理论层面的分析结果表明，服务质量应该从舒适性、安全性、经济性、功能性、时间性和文明性 6 个维度来评价，并大致提出了这 6 个维度的下位项目。杨铁黎等（2002）主张采用 ISO 9000 标准体系来评价体育服务业的服务质量。韩凤月和刘永东（2002）虽然未能明确服务质量评价的具体服务属性项目，但主张从环境、价格、信息 3 个维度来评价体育设施的服务质量。江岚和郭旭泓（2012）以湖北省奥体中心为例，借鉴 PZB 提出的差距模型和 SERVQUAL 量表，基于理论分析确定了服务质量差距评价指标与评价量表，从 SERVQUAL 量表中选取 21 个项目作为综合性体育中心服务质量评价指标。也就是说，他们主张综合体育中心的服务质量应该用 SERVQUAL 量表的 5 个维度和其中的 21 个项目来评价（表2－3）。

第三，体育设施服务质量评价的实证研究。王璐（2007）采用多重属性模型方法，选取专业与效果、安全与卫生、舒适与及时、物美与环境、价格与服务、礼貌与诚信 6 个维度 18 个项目来评价健身俱乐部的服务质量，并以成都市 328 名健身俱乐部顾客为调查对象，对该评价方法进行综合性的评定。

齐静和梁进（2007）采用因子分析和回归分析，参考 PZB 的 SERVQUAL 模型，开发了一个由服务项目与专业水平、结果质量、设施与可靠性、个性化服务、环境 5 个维度 27 个项目构成的我国营利性体育健身俱乐部的服务质量评价模型。他们指出基于我国的国情，在修正 SERVQUAL 量表的基础上再将其应用于我国健身企业的服务质量评价具有较为理想的效果。

刘兵（2007）以上海市健身娱乐业的服务质量为研究对象，在多次专家访谈的基础上筛选出最初的 24 个服务属性项目，然后通过问卷调查和探索性因子分析法获得了一个由“交互服务”“有形服务”和“员工技能”3 个维度 24 个项目构成的服务质量评价模型，并强调健身俱乐部应重视交互服务质量和员工技能服务 2 个因子。

赵钟华（2008）采用 AHP 方法构建了一个由设备设施、健身指导员素质、健身活动设置、环境卫生服务、价格安全 5 个一级指标、18 个二级指标和 75 个三级指标构成的多层次多维度体育健身场所服务质量评价指标体系，并确定了每项指标的权重。

表 2－3　我国部分体育设施服务质量评价研究

模型		维度			
开发者	维度/项目数	工作人员（指导员）	服务项目	设施设备	其他
陈雪龄（1999）*	6/—	时间性、文明性	功能性	舒适性、安全性	经济性
韩凤月、刘永东（2002）*	3/—	信息	—	环境	价格
江岚、郭旭泓（2012）*	5/21	可靠性、响应性、移情性、保证性	—	有形性	—

续表

模型		维度			
开发者	维度/项目数	工作人员（指导员）	服务项目	设施设备	其他
王璐（2007）**	6/18	专业与效果、舒适与及时、礼貌与诚信	价格与服务	安全与卫生、物美与环境	—
齐静、梁进（2007）**	5/27	—	服务项目与专业水平、个性化服务	设施与可靠性、环境	结果质量
刘兵（2007）**	3/24	员工技能	交互服务	有形服务	—
赵钟华（2008）**	5/75	健身指导员素质	健身活动设置	设备设施、环境卫生服务	价格安全
舒宗礼、夏贵霞（2012）**	4/14	服务质量	课程质量	环境质量	效果质量
崔永霞、师玉涛（2012）**	3/23	管理策划、保持与改进	管理实施	—	—
胡继东、何桢、施亮星（2015）**	5/30	服务	比赛	设施、环境	交通
郑旗、张鹏（2015）**	5/24	可获得性、管理人员素质	辅助服务	健身环境	经济性
许彩明、李杰杰（2015）**	5/29	可靠性、响应性、移情性、保证性	—	有形性	—
孙二娟、钟秉枢（2016）**	3/26	营销传递差距、认识差距	质量规范差距	—	—

注：*理论性研究；**实证研究；—表示不详或不存在。

黄谦（2010）结合我国健身休闲的消费情景对 SERVQUAL 模型（PZB，1988）进行了修订，结果开发了一个由 5 个维度 25 个服务属性项目构成的服务质量评价模型，并对模型的信效度进行了检验，指出该模型适合作为我国体育健身休闲市场服务质量的评价工具。

舒宗礼和夏贵霞（2012）参考 Kim 等（1995）开发的 QUESC 模型以及 Ko 和 Pastore（2004）提出的 SSQRS 服务质量理论模型，构建了一个由环境质量、服务质量、课程质量和效果质量 4 个一级指标和 14 项二级指标构成的我国商业体育俱乐部服务质量评价指标体系，并根据改进的层次分析法和聚类分析确定了各指标的权重。

崔永霞和师玉涛（2012）利用WBS（Work Breakdown Structure）工作任务分解法等构建了北京市体育场馆服务质量管理体系。该体系包括管理实施、管理策划、保持与改进 3 个一级指标 8 个二级指标和 23 个三级指标，并求出了各项指标的权重。

黄谦（2012）在综述服务质量的维度和测量的理论的基础上，分别采用 SERVQUAL、SERVIMQUAL、SERVPERF、SERVIMPERF 4 种模式构建服务质量测量模型，通过模型与数据的拟合度指标、因子载荷、路径系数和 t 值等找出最佳模型。研究结果发现，SERVPERF 测量方式最适合于体育消费行业的服务质量测量。他指出该方法解决了服务期望与服务绩效评价两者之间差异的问题。

胡继东等（2015）以顾客满意为导向，以某大学在校的学生为调查对象，构建了一个由交通、环境、设施、比赛、服务 5 个因子 30 个下位项目组成的体育场馆运营服务质量评价指标体系。

郑旗和张鹏（2015）首先通过访谈和预备调查，形成一个由可获得性、管理人员素质、健身环境、经济性、辅助服务 5 个维度 33 项服务属性指标的公共体育设施服务问卷。接着基于 315 名利用者的调查问卷，采用因子分析法获取 5 个维度 24 项服务属性评价指标。最后采用这 24 个服务属性项目基于满意度 3 因素理论和重要性—绩效（IPA）分析评价山西省县域公共体育设施服务质量。

许彩明和李杰杰（2015）考虑到 SERVQUAL 模型在实际应用中的不足，采用 SERVPERF 模型来评价商业健身俱乐部服务质量。他们在最初的 40 个服务属性项目的基础上，对江苏省徐州市 188 名健身俱乐顾客进行问卷调查，根据题项检测和主成分分析的结果，抽出与 SERVPERF 模型一致的 5 个因子以及 29 个项目组成的服务质量评价问卷，指出以 SERVPERF 模型为基础开发的商业健身俱乐部服务质量测量问卷具有能被接受的信度和效度。

孙二娟和钟秉枢（2016）通过资料收集和专家评审确定 38 个初选项目，然后对我国 7 所高校 115 份问卷进行主成分分析，共提取质量规范差距、认识差距、营销传递差距 3 个共同因子 26 个下位项目，接着采用 IPA 分析法对我国高校体育场馆服务质量进行评价。基于研究结果他们指出 PZB 差距模型理论能成为体育场馆服务质量管理提的理论依据。

2.5.3.2 服务质量评价及其相关变量之间的关系研究

李洛（2005）使用 Ko 和 Pastore（2004）提出的 SSQRS 服务质量理论模型测定了广东商业体育健身俱乐部的服务质量，并且采用最大似然回归分析法，将服务质量的 4 个维度视为因变量，消费者购买意向为自变量进行回归分析。结果支持了 SSQRS 模型的 4 维度服务质量结构，表明健身设备质量是影响广东商业体育健身俱乐部服务质量的最大问题，各质量因子对消费者购买意向都存在显著的影响，按影响程度排序依次是参与效果质量、健身课程质量、交互服务质量和活动环境质量。

鲍大卫和高凤华（2010）也采用 Ko 和 Pastore（2004）的 SSQRS 模型评价经营性健身俱乐部服务质量的 4 个维度对顾客忠诚的影响。结果发现，顾客对交互服务的评价最高，对参与效果质量评价较低，并且这 2 个因素对顾客忠诚的影响相对较大。

虞蓉丽等（2011）基于文献资料法提出服务质量、关系质量和顾客忠诚之间的关系模型，然后以商业性健身俱乐部顾客为调查对象进行分析。结果发现，服务质量和关系质量均对商业性健身俱乐部顾客的忠诚感施加显著正向的影响。

魏琳等（2016）以上海市 12 个体育场馆为分析对象，构建了一个由公众感知质量、公众信息、公众期望、公众满意度、公众抱怨和公众信任构成的关系模型。验证结果表明，上海市大型体育场馆在体育设施、体育组织、体质监测服务、体育活动、健身指导和信息咨询服务等方面的服务质量均存在较大提升空间；公众感知质量、公众信息和公众期望均影响公众满意度，从影响程度看，依次为公众感知质量、公众信息和公众期望。

周文静和王恒利（2017）基于购后行为理论和感知服务质量模型，首先构建了公共体育场馆服务的行为路径，然后探讨公共体育场馆运动者感知服务质量与购后行为之间的关系。研究结果表明，体育场馆服务产品对积极或消极购后行为均施加正向影响；场馆服务传递也正向影响积极购后行为，但对消极购后行为施加负向影响；场馆环境特别是气氛因素显著影响顾客的积极购后行为。

总之，有关健身俱乐部服务质量及其相关变量的研究，我国学者明确了相关变量之间的关系，但对相关变量（如顾客满意）的中介效应关注不够，还有待进一步的实证研究。

2.6 小 结

本章2.1部分对本章的构成进行了介绍。2.2部分对服务质量、顾客满意和行为意向等核心概念和测量方法进行了界定，指出服务质量是顾客感知服务质量，是顾客对服务的主观评价。

2.3部分对服务营销研究核心问题的服务质量评价研究进行了概述。从服务固有的特性看，评价其质量很困难。因此，至今为止虽然学者们对服务质量评价进行了很多研究，不过至今仍是不成熟的研究领域。然而，PZB（1985，1988）开发出SERVQUAL模型，提出了解决服务质量测定难的具体方法。该模型自面世以来，仅对感知服务质量概念的形成和对其评价的方法取得了较大的进展这一点，就是其值得大书特书的特别的贡献（宫城，2009）。然而，SERVQUAL模型也不是绝对性的东西，其构成维度的不安定性等问题也被学者们指了出来。多数学者指出有必要根据行业的特征对该模型进行改良。

2.4部分首先分析了体育领域的服务质量评价研究。这之前虽然有几个质量评价模型被开发了，但这些模型大多数是其他领域的模型应用到体育设施的服务质量评价中，经过充分讨论的模型尚未出现。在现有的研究中，学者们对服务质量维度有不同的见解，不过，从维度的构成内容看，这些模型中的维度大部分与工作人员（指导员）、服务项目、设施与设备3个因素相关。另一方面，将过去有关服务质量、顾客满意、行为意向之间关系的研究分为4种模型进行了分析。在这种模型中，无论怎样，服务质量都在某种形式上对行为意向产生影响。不过，对健身俱乐部的顾客来说，有必要研究哪个类型的模式更适合探讨这3个因素之间的关系。其次对体育领域现有的4个代表性的服务质量评价模型进行了介绍，指出体育领域的服务质量评价基本上是基于这4种模型。最后分析了体育领域服务质量研究的概念操作化和模型的维度结构进行了归纳总结，同时指出了之所以现有体育领域的服务质量评价模型的通用性还有必要探讨，是因为这些服务质量评价模型存在3个方面的问题：一是服务质量的构成要素有必要根据行业和现场的状况进行分析；二是有必要分析顾客的服务质量评价及其相关因素之间的关系；三是模型开发时所采用的探索性因子分析时存在诸如因子抽出方法不当或旋转方式交代不清等问题。

2.5部分首先介绍了我国服务质量评价研究的现状，指出自1999年以来发表的相关论文数快速增长，涉及领域越来越宽广；其次对我国健身俱乐部的发展状况及其研究现状进行了分析，发现我国商业健身俱乐部集中在沿海和经济较发达城市，我国健身俱乐部研究最早出现于1999年，到2010年达到高峰；最后对我国健身俱乐部服务质量研究现状从服务质量评价和服务质量及其相关变量间的关系2个方面进行梳理。从我国体育设施的服务质量评价研究看，在整体上落后于西方发达国家的同时，理论研究相对较多，实证研究缺乏。随着健身俱乐部的急剧增多，俱乐部间的竞争激化，在相关人员对服务质量的看法有所变化的同时，在我国对考虑健身俱乐部的现状的质量评价模型依然尚为鲜见。考虑到这样的情况，对我国健身俱乐部的服务质量评价进行实证研究有着极其重要的意义。从我国体育设施的服务质量及其相关变量的关系研究看，学者们确认了服务质量对顾客满意、行为意向等变量的影响作用，但对顾客满意在这些变量间的关系中的中介作用关注不够，有必要对此进行实证研究。

3 实证研究（Ⅰ）健身俱乐部服务质量评价模型的开发

3.1 问题的提出

如前所述，迄今为止较多的服务质量评价模型已开发出来，不过一致被认可的模型尚未出现（近藤，2000；Grönroos，2000）。其中，SERVQUAL 模型在许多服务质量评价中被使用，在服务市场中产生了很大的影响（近藤，2000，2003；Grapentine，1998；松尾，等，2001；山本，1999）。另外，Ellott（1994）指出，SERVQUAL 比 SERVPERF 提供了更多的信息，有利于服务组织制定经营战略。不少学者（松尾，等，2001；铃木，2004；浦野，2008；山本，1999）指出，自 SERVQUAL 模型问世以来，虽然相关学者们开发了较多的服务质量评价模型，但到现在为止比 SERVQUAL 模型更优秀的服务质量评价研究还未见发表。

然而，将 SERVQUAL 模型应用于各种各样的行业的结果表明，SERVQUAL 的维度结构在不同行业表现出不稳定的特性。基于此，在服务研究的领域，有很多研究人员（Babakus 和 Boller，1992；Carman，1990；Cronin 和 Taylor，1992；Finn 和 Kayande，1998；张新安和田澎，2006）主张，应根据行业的特征进行服务质量评价。实际上，从现有的 SERVQUAL 模型的应用研究看，变更模型维度的研究（Babakus 和 Boller，1992；松尾，等，2001）或修改测定项目的研究（原田，1991；Mackay 和 Cromption，1990）或者维度和测试项目都变更的研究（Dabholkar，等，1996；Howat，等，1996；Kim，等，1995；佐藤和永田，2003；张新安和田澎，2006）较为多见。

这样的研究动向也影响了体育领域的相关研究。在体育设施服务质量评价研究中，在参考 SERVQUAL 模型的同时，改变其维度或者其测试项目的研究也散见于各学术刊物中。尽管如此，有关这些服务质量评价模型，经过充分论证和检验的不多，学者们（Ko 和 Pastore，2004，2005；中西，1995；Lam，等，2005；刘兵，等，2006b）强调有必要对这些模型进行再分析或者开发新的服务质量评价模型。

另外，如在第 2 部分中所述，我国健身俱乐部急速发展的同时，相关人员对健身俱乐部服务的看法也在不断变化。特别是近年来，国际健身俱乐部的连锁店在我国快速发展，俱乐部间的竞争激烈化（刘兵，2007；刘兵，等，2006a；肖淑红，2005）。在这样的情景中，学者们（刘兵，等，2006a，2006b；杨铁黎，等，2005；肖淑红，2005）指出，正确把握顾客的需求和服务评价等，向他们提供高质量的服务是健身俱乐部重要的竞争手段。但是，我国的健身俱乐部经营的历史很短，关于服务质量的概念，近年才渐渐受到关注。对健身俱乐部服务质量评价的研究也不多见，而实证研究更为鲜见。对我国健身俱乐部的服务质量评价进行研究是当务之急。

于是，在本章的研究中，在参考到现在为止被开发的服务质量评价模型的基础上，开发出与我国健身俱乐部的现状及顾客的状况相对应的服务质量评价模型是目的。具体来说，就是筛选出与现场情况相匹配的服务质量评价项目，提出假设模型，通过该模型与现场调查数据之间的拟合程度进行评价，同时分析模型的信效度及推定值的精度。

3.2 研究步骤与方法

3.2.1 研究步骤

本研究中，新的健身俱乐部服务质量评价模型开发的过程如图 3－1 所示。

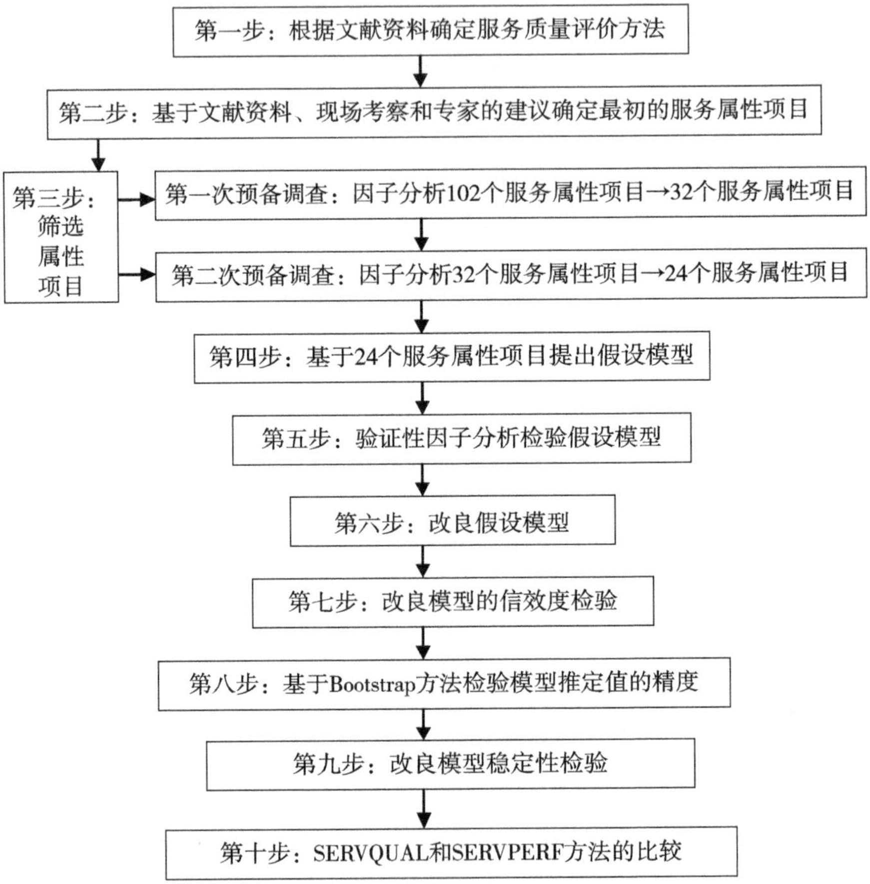

图 3－1　服务质量评价模型开发的步骤

在营销领域，由于服务质量及其评价的方法较多，并且学者们各抒己见，均宣称自己所采纳的概念操作和测量方法是有效的。本研究参考在世界上至今依然是服务质量评价主流模型的 SERVQUAL 概念操作方法和研究手续，提出新的假设模型。也就是说，参考 SERVQUAL 这一差距模型，通过顾客的服务期待（值）和绩效评价（值）的差距来评价服务质量，同时结合我国健身情况开发新的质量评价模型。具体地说，第一，根据文献资料和专家的建议，确定本研究采纳的服务质量概念操作及其评价方法。第二，根据文献资料、现场考察和专家访谈的结果确定最初的健身俱乐部服务属性项目。第三，基于 2 次预备调查，根据探索性因子分析的结果，筛选出正式调查的服务属性项目。第四，基于 2 次预备调查的结果，提出本研究的假设模型。第五，采用验证性因子分析，检验本研究提出的假设模型。第六，对假设模型进行改良。第七，对改良模型的信效度进行分析。第八，基于 Bootstrap 方法（Bootstrap method）检验模型推定值的精度。第九，采用正式调查获得的数据，对 SERVQUAL 和 SERVPERF 方法进行比较，通过这 2 种方法构建的模型与数据的拟合程度来分析这 2 种方法在本研究中的优劣，进而为本研究所采用的概念操作化和评价方法寻找支撑。

3.2.2 假设模型的提出

如前所述，体育服务领域的许多研究者尝试着在参考 SERVQUAL 模型方法的同时，又试图证实体育消费具有特殊性（Kim，等，1995；Howat，等，1996；Papadimitriou 和 Karteroliotis，2000；Ko 和 Pastore，2005；Lam，等，2005；齐静和王慧，2009）。在相关文献中，有研究者提出，“工作人员”“设施与设备”“服务项目”等维度是健身服务质量的最主要的维度（Howat，等，1996；Papadimitriou 和 Karteroliotis，2000；Ko 和 Pastore，2004，2005；Lam，等，2005；Dhurup，等，2006）。除此之外，还有研究者指出，“安全性”（Kim，等，1995；陈雪龄，1999；王璐，2007）和“价格设定”（Kim，等，1995；韩凤月和刘永东，2002；王璐，2007；赵钟华，2008；赵道静，2009）也是健身服务质量评价的重要维度。同时，在对健身行业专家和会员进行采访的结果凸显出“价格设定”和“安全性”对顾客感知服务质量影响的重要性。因此，本研究提出“工作人员（指导员）”“服务项目”“设施与设备”“价格设定”和“安全性”5 个维度的健身俱乐部服务质量评价假设模型。

工作人员（指导员）（staff）：在 SERVQUAL 模型中（PZB，1985，1988），包括有工作人员的信赖感和外表、行动、态度、知识、能力、礼节等服务属性项目。Brady 和 Cronin（2001）指出，工作人员的行动、态度、知识和礼仪将直接影响服务质量。在体育领域，如表 2－1 和表 2－3 所示，Kim 等（1995）、Howat 等（1996）及 Ko 和 Pastore（2004，2005）、Lam 等（2005）、Dhurup 等（2006）、陈雪龄（1999）、王璐（2007）、刘兵（2007）、赵钟华（2008）、江岚和郭旭泓（2012）、郑旗和张鹏（2015）和许彩明和李杰杰（2015）等提出的服务质量评价模型中均含有工作人员（指导员）相关的维度或相关的服务属性项目。在本研究中，将有关“工作人员（指导员）”的服务属性项目设定为假设模型的第一个维度。在最初的服务属性项目的名单上，包含了工作人员（指导员）的信赖感和行动、态度、礼貌、专业性、外表等项目。通过预备调查，在假设模型中包括工作人员（指导员）的信赖感、行动、态度、礼貌和专业性等项目。

服务项目（programs）：虽然在 SERVQUAL 模型（PZB，1985，1988）中没有明确的与服务项目相关的属性项目（Ko 和 Pastore，2004，2005；Lam，等，2005）。向健身俱乐部会员提供健身活动项目是健身行业的主要服务内容之一，提供服务项目和开展健身活动是体育设施的主要服务，因此较多的学者（Kim，等，1995；Papadimitriou 和 Karteroliotis，2000；Ko 和 Pastore，2004，2005；Lam，等，2005；Dhurup，等，2006；齐静和梁进，2007；赵钟华，2008；舒宗礼和夏贵霞，2012；胡继东，等，2015）主张，“服务项目”应该是健身服务质量一个重要的维度。Kim 等（1995）认为，应该考虑服务项目活动的多样性和举行俱乐部活动；Papadimitriou 和 Karteroliotis（2000）开发的模型中则有最新的服务项目的引进和供家人用的项目。Lam 等（2005）的模型中包括有服务项目的多样性和参加人数的适宜性、营业时间的便利性、提供个人服务等项目。如表 2－1、表 2－3 所示，Lam 等（2005）的模型中有“服务项目”和“托管”2 个与服务项目相关的维度；此外，Papadimitriou 和 Karteroliotis（2000）的“服务项目入手可能性与提供”，Ko 和 Pastore（2005）的“服务项目质量”，Dhurup 等（2006）的“服务项目与健康诊断”，齐静和梁进（2007）的“服务项目与专业水平”和“个性化服务”以及赵钟华（2008）的“健身活动设置”等维度均与服务项目相关。基于此，本研究将把与“服务项目”相关的服务属性项目设定为健身俱乐部服务质量评价的第二个维度。在最初的服务属性项目的列表中，最新项目的引进和参加人数的适宜性，项目的多样性，举办大型活动，家族用项目，营业时间的便利性，提供个人服务等项目。通过 2 次初步调查，在假设模型中包含有最新项目的导入、参加人数的适宜性、服务项目的多样性、提供个人服务等服务属性项目。

设施与设备（facilities）：在 SERVQUAL（PZB，1985，1988）模型中包括了最新的设施、设备、设施的外观等项目。Brandy 和 Cronin（2001）提出的“物理环境质量”和“结果质量”，MacKay 和 Crompton（1990）提出的“有形性”和 Crompton 等（1991）提出的“有形性”

等维度均与“设施与设备”有关。较多的学者也将设施与设备列为体育设施服务质量评价的维度，如 Kim 等（1995）提出模型中的“环境的便利性”，中西（1995）提出的“可视性”，Howat 等（1996）开发模型中的“一般设施”，Papadimitriou 和 Karteroliotis（2000）提出的“设施的魅力与经营”，Ko 和 Pastore（2005）的“物理环境质量”，Lam 等（2005）的“更衣室”“物理设施”和“练习用设施”，Dhurup 等（2006）提出的“机能设计”“便利性与情报”“环境与入手可能性”和“设施的魅力”等。国内多数学者也主张“设施与设备”是体育设施服务质量评价的重要维度，如陈雪龄（1999）的“舒适性”和“安全性”，韩凤月和刘永东（2002）的“环境”，江岚和郭旭泓（2012）的“有形性”，王璐（2007）的“安全与卫生”和“物美与环境”，齐静和梁进（2007）的“设施与可靠性”和“环境”，刘兵（2007）的“有形服务”，赵钟华（2008）的“设备设施”和“环境卫生服务”，舒宗礼和夏贵霞（2012）的“环境质量”，胡继东等（2015）的“设施”和“环境”，郑旗和张鹏（2015）的“健身环境”，许彩明和李杰杰（2015）的“有形性”等。本研究将有关设施与设备的服务属性项目设定为第三个维度。在最初的服务属性项目的列表中，有设施的清洁、设计、多样性、空间大小、外观、位置条件，以及停车场、托儿设施和更衣室等相关的项目。通过 2 次的预备调查，在提出的假设模型中，保留了有关设施的清洁、设计、多样性、空间大小等服务属性项目。

价格设定（pricing）：在 SERVQUAL 的一系列研究（PZB，1985，1988，1991，1993，1994）中，将价格有关的项目作为感知价值评价的因素，Zeithaml（1988）也将金钱的价格设定为感知服务质量的一个前因。然而，Lovelock 和 Wright（1999）指出，价格的高低是顾客对服务质量评价的重要的决定因素之一。另外，国外也存在将价格设定作为服务质量评价维度的研究（Kim，等，1995；吉田和中村，1992；Guiry，等，1992）和将价格相关的项目作为服务质量评价的下位服务属性项目的研究（Dhurup，等，2006；Howat，等，1996；Papadimitriou 和 Karteroliotis，2000）。国内学者陈雪龄（1999）提出的“经济性”维度、韩凤月和刘永东（2002）的“价格”维度、赵钟华（2008）的“价格安全其他”维度、郑旗和张鹏（2015）的“经济性”维度（表 2－3）等均与价格相关。特别是本研究对健身专家和会员进行采访的结果、多数专家和会员主张在评价健身俱乐部服务质量时有必要考虑价格因素。因此，本研究将价格相关的服务属性项目加入到服务质量评价模型之中，并将其设定为假设模型的第四个维度。在相关文献中，入会费用的妥当性和入会费用以外费用的妥当性相关项目包含在其中（Dhurup，等，2006；Howat，等，1996；近藤，2000；吉田和中村，1992）。国内学者王璐（2007）提出的“价格与服务”维度下包含有“俱乐部制定的价格与所提供的服务相匹配”和“俱乐部在价格方面对老会员给予一定的优惠”等两项目。赵钟华（2008）提出的“价格”维度下包括价格合理性、不同时段提供不同的价格、提供多种方式的价格等项目。赵道静（2009）用“价格与提供的服务相匹配”等一个项目来测量“价格”维度。本研究在最初服务属性项目的名单上加进了文献资料中的相关项目和现场考察时得到的项目。具体来说，包括入会费用的合理性、支付方法的多样性、入会费用以外的金钱费用的适当性、优惠措施、费用设定的多样性等。通过初步调查，在假设模型中保留了费用支付方法的多样性、入会费用的妥当性、优惠的措施、费用设定的多样性和费用的多样性等。

安全性（safety）：在最初的 SERVQUAL（PZB，1985）10 次元中，有“安全性”这一维度，在后来的 SERVQUAL（PZB，1988）中，将其与沟通性、信用性、胜任性、礼貌性合并为保证性。具体到体育设施服务质量评价，Kim 等（1995）采用个人用品的安全和个人信息的保密 2 个项目来评价“安心”这个维度；Dhurup 等（2006）开发的评价模型中也有“安全与支持”这一维度。国内学者陈雪龄（1999）主张用服务的安全性、信赖性、个人信息的保护、卫生等维度来测定体育设施的服务质量；王璐（2007）用员工值得信赖、俱乐部信誉、会员档案保密等内容来测试“安全与卫生”这一维度；赵钟华（2008）也提出了“价格安全”的维度。本研究将“安全性”设定为第五个维度。在最初的服务属性项目名单中，列入了对俱乐部的信赖感、安全性和对工作人员（指导员）的放心感和保护隐私等服务属性项目。通过 2 次预备问卷调查，在假设模型中保留了对俱乐部的信赖感、遵守承诺、安全性和隐私保护等项目。

3.2.3 服务属性项目的筛选

3.2.3.1 最初的服务质量属性项目

2005 年 9 月，有学者对上海市 9 家健身俱乐部的设施与设备、服务项目、工作人员（指导员）的资质和工作情况、价格设定、俱乐部的交通状况和所在位置、会员情况等进行了现场考察，对我国健身俱乐部的运营情况有了基本的了解。同时对入会半年以上的 10 名会员和 8 名专家就服务质量属性项目、顾客需求和服务质量评价方法以及健身俱乐部日常运营情况等进行了访谈（表 3－1）。在访谈中，得到了部分服务属性项目，本研究提出的假设模型得到了支持。结合从相关文献中筛选出的服务属性项目，在最初的服务属性项目列表中合计包含 102 个项目。在有关“工作人员（指导员）”的属性项目中，包含工作人员（指导员）的信赖感、行为、外表、态度、专业性和礼仪等项目。在有关“服务项目”的属性项目中，包括服务项目的多样性、营业时间的合理性、项目参加人数的适宜性、最新服务项目的提供情况、家庭成员使用的项目提供情况和个人指导服务项目提供情况等。在有关“设施与设备”的属性项目中，包含俱乐部的装饰设计、整体清洁情况、设施与设备的多样性、设施与设备的外观、俱乐部所在地理位置、停车场情况、更衣室和托儿所等项目。在有关“价格设定”这一属性项目中，列入了价格设定的合理性、支付方法的多样性、价格以外费用的合理性、优惠措施和价格设定的多样性等项目。在有关“安全性”这一属性项目中，包括更衣室的安全性、项目设置的安全性、设施与设备的安全性、俱乐部的信赖感、俱乐部兑现承诺情况、顾客对员工的信任感和会员个人信息的保密情况等属性项目。

表 3－1 访谈专家情况统计表 *n*＝8

	变量	人数	占比/%
性别	男	6	75.0
	女	2	25.0
职业或职称	教授	2	25.0
	副教授	3	37.5
	俱乐部管理者	3	37.5

3.2.3.2　预备问卷调查与项目筛选

2005 年 11 月—2006 年 4 月，本研究实施了 2 次预备问卷调查。调查对象为上海市 5 家健身俱乐部的会员。其中，第一次预备调查以 A、C、D、F 健身俱乐部的 718 名一般会员为对象进行调查，这些会员均超过 18 岁，回收有效问卷 532 份。第二次预备问卷调查以 B 和 F 俱乐部的 409 名一般会员为调查对象，这些被试也均超过 18 岁，回收有效问卷 312 份。2 次调查问卷均采用 Likert 7 点量表，测试了俱乐部会员对服务属性项目的期待程度。

本研究参考 SERVQUAL 模型的开发方法，采用内部一致性分析、项目—全体（item - total）相关分析和探索性因子分析（最大似然法 + Promax 旋转）等方法筛选服务属性项目。根据第一次预备问卷调查的结果，从最初 102 个服务属性项目中抽出了 32 个属性项目。在这 32 个服务属性项目的基础上制成第二次预备调查问卷实施调查，采用与第一次预备调查一样的分析方法，抽出了 5 个维度 24 个属性项目。

3.2.3.3　正式问卷调查

（1）问卷的制定和调查内容。调查问卷主要由 5 个部分构成，即服务期待 24 个项目，感知服务绩效 24 个项目，顾客满意、行为意向各 3 个项目，被试的人口统计学属性和开放式问题等。其中，人口统计学属性项目包括性别、年龄、学历和职业等；服务期待和感知服务绩效各 24 个服务属性项目，来源于本研究的 2 次预备调查；顾客满意和行为意向各 3 个项目（详见附录）。关于服务期待和服务绩效，均采用两极为“7 非常同意”和“1 完全不同意”的 7 阶段 Likert 尺度进行测定。

（2）问卷的信效度检验。①信度检验：本研究采用重测信度检验调查问卷的信度。在正式问卷调查之前对 30 名受试者进行测试，此后间隔 15 天之后再次对这些受试者进行测试。然后对这 2 次测试回收的调查问卷进行相关分析，如表 3 - 2 所示。结果表明，重测系数为 0.87（$P<0.001$），根据这样的结果可以判断调查问卷具有被接受的信度。②效度检验：采取专家定性评定的方式检验问卷的效度。专家为 7 人，其中高级职称 5 人，相关专业博士（讲师）2 人。如表 3 - 3 所示，专家评定结果表明了正式调查问卷具有可被接受的效度。

表 3－2 调查问卷重测信度检验统计表

问卷内容	重测分数	间隔时间/天	相关系数	P 值
正式调查问卷	30	15	0.87	<0.001

表 3－3 正式调查问卷效度检验统计表 $n=7$

类型	很有效	有效	基本有效	基本无效	无效
内容效度	3	3	1	0	0
结构效度	4	2	1	0	0
整体效度	5	1	1	0	0

（3）正式调查的实施。对上海市 B 和 F 健身俱乐部和广东省的 G 健身俱乐部进行问卷调查。从所在位置看，该 3 家俱乐部均位于交通便利之处；从设施与设备看，该 3 家俱乐部均有有氧体操、健身器械和美容等设施，此外，B 俱乐部还有网球场、壁球场和游泳池，G 俱乐部有壁球场、乒乓球场和游泳池；从俱乐部会员的种类看，包括一般会员、特定时间段会员、团体会员和各种培训班会员等。本研究选定俱乐部入会 3 个月以上，并且年龄在 18 岁以上的一般会员为调查对象。调查时间为 2006 年 10 月至 11 月。调查方法为留置问卷法，其中在 B 俱乐部、F 俱乐部和 G 俱乐部分别发放问卷 267 份、142 份和 231 份，分别收回 162 份、78 份和 164 份问卷，回收率为 63.1%。分析前剔除服务质量等测定项目答案缺失的问卷，得到有效问卷 376 份用于分析。

3.2.4 分析方法

3.2.4.1 因子分析法

本研究采用的因子分析法包括探索性因子分析法和验证性因子分析法。探索性因子分析法主要用来探索健身俱乐部服务质量评价的维度结构、各维度的特征值、累积方差贡献率和因子载荷等，验证性因子分析主要用来验证假设模型与调查数据的拟合程度。数据处理采用 Windows 版 SPSS 16.0 和 Amos 17.0 统计软件包。采用极大似然估计法对模型的参数标准化估计值进行了估计。根据相关学者（Bagozzi 和 Yi，1988；山本和小野寺，2005；侯杰泰，等，2006；丰田，2007；

吴明隆，2010）的建议，本研究以 GFI、AGFI、RFI、TLI、CFI ≥ 0.90，CMIN/DF ≤ 3.0，RMSEA ≤ 0.10 和 SRMR ≤ 0.08 等指标来评价模型的整体拟合度。

3.2.4.2 Bootstrap 方法

本研究采用 Bootstrap 方法（bootstrap method，也称为自助法）分析模型参数推定值的精度。Efron（1979）认为，Bootstrap 方法属于非参数统计方法。该方法不需要额外的信息，根据给定的原始样本复制观测信息对总体的分布特性进行统计推断。不少学者（Arbuckle，2006；马场，等，1996，1997；丰田，2003，2007；山本和小野寺，2005；地道，2002）指出，Bootstrap 方法是在样本较小、总体分布情况未知时通过样本复制观测信息对总体的分布特性进行统计推断，以此评价结构方程模型参数估计值的精度的较为常用的方法。也就是说，Bootstrap 方法靠大量复制样本从而优化经验分布，得到较准确的检验及推理结果。在采用 Bootstrap 方法进行区间估计时，事先需要确定合适的抽样次数。虽然具体的抽样次数在学者们之间没有一致认可的意见，但一般要求在 500 次以上。例如，在现有研究中，抽样次数定为 250 次（Nevitt 和 Hancock，1998）、2 000 次（山本和小野寺，2005）、10 000 次（难波，2002）和 1 000 000 次（地道，2002）的研究都存在。其中，抽样次数定为 1 000 次的研究相对较多（大谷，1997；佐野和铃木，2002；服部，2004；丰田，2003，2007）。在本研究中，根据相对多数学者的建议，抽样次数定为 1 000 次，偏差矫正信赖区间定为 95%，以此对模型标准化系数进行推定。

3.2.4.3 模型比较法

在现有的研究中，有关 SERVQUAL 模型和 SERVPERF 模型孰优孰劣的争议颇多。本研究采用正式调查获得的数据，通过比较基于 SERVQUAL 和 SERVPERF 的方法构建的模型的维度结构和模型与数据的拟合程度来探讨这 2 种方法评价健身俱乐部服务质量的优缺点。

3.3 结 果

3.3.1 样本的人口统计学属性

本研究调查样本的人口统计学属性如表 3－4 所示。从性别来看，男性和女性分别占 47.6% 和 52.4%。从年龄来看，年龄在 20～29 岁和 30～39 岁的分别占 48.7% 和 29.5%，40 岁以下的会员超过 7 成，年轻人比较多。从学历来看，研究生、大学和大专毕业的会员分别为 8.5%、37.2% 和 19.9%，高学历的会员比较多。从职业来看，专业技术人员、事务人员、个体经营者、企事业单位的管理者分别占 26.6%、15.4%、13.3% 和 6.1%，白领比较多。由此在一定程度上可以看出相对高学历、年轻的白领是我国健身俱乐部的主要消费者。这样的结果支持了乌兰和周庆杰（2001）、刁在箴等（2002）的调查结果。

3.3.2 服务属性项目的内容及得分的平均值与标准误差

各服务属性项目的内容、期待值与绩效评价值如表 3－5 所示。从服务期待值看，服务属性项目“X_1 工作人员（指导员）的行为值得会员信赖”和“X_5 工作人员（指导员）一贯地礼貌对待会员”较高，得分在 6.50 以上；而服务属性项目“X_{21} 入会费用的支付方法多种多样”的得分最低，为 5.90 分。从整体上看，有关“工作人员（指导员）”的项目的期待值均较高，而“价格设定”相关的项目的期待值相对较低。这在一定程度上表明了健身俱乐部消费者对工作人员（指导员）要求较高。从服务绩效值看，最高得分为服务属性项目“X_1 工作人员（指导员）的行为值得会员信赖”，但得分在 6.0 以下，最低得分的服务属性项目为“X_{23} 提供多种方式的入会价格”，得分为 5.54。

表3－4　调查样本的人口统计学属性

属性	变数	频数/人	占比/%
性别	男性	197	52.4
	女性	179	47.6
年龄/岁	18～19	10	2.7
	20～29	183	48.7
	30～39	111	29.5
	40～49	33	8.8
	50～59	15	4.0
	60以上	9	2.4
	缺失值	15	4.0
学历	初中以下	12	3.2
	高中	56	14.9
	中专	48	12.8
	大专	75	19.9
	本科	140	37.2
	研究生	32	8.5
	其他	9	2.4
	缺失值	4	1.1
职业	专业技术人员	100	26.6
	事务人员	58	15.4
	劳务人员	52	13.8
	个体经营者	50	13.3
	销售人员	34	9.0
	学生	29	7.7
	企事业单位的管理者	23	6.1
	其他	22	5.9
	缺失值	8	2.1

从整体上看，健身俱乐部会员对服务的期待值偏高，在5.90分以

上，最高的达到6.55分；而对俱乐部提供服务的绩效评价却偏低，导致了会员对俱乐部服务质量的评价值均为负数，基于PZB（1988）的观点，表明了俱乐部提供的服务总体上未能达到会员的预期。（表3-5）

表3-5　服务项目的内容、得分的平均值和标准差

代码	项目	期待值（E）		绩效值（P）		评价值（P-E）	
		Mean	Std. D	Mean	Std. D	Mean	Std. D
X_1	工作人员（指导员）的行为值得会员信赖	6.55	0.03	5.99	0.05	-0.56	0.06
X_2	工作人员（指导员）总是自觉地帮助会员	6.40	0.04	5.60	0.05	-0.79	0.06
X_3	工作人员（指导员）与会员保持很好的沟通	6.44	0.04	5.78	0.05	-0.65	0.06
X_4	工作人员（指导员）迅速地提供服务	6.41	0.04	5.66	0.05	-0.75	0.06
X_5	工作人员（指导员）一贯地礼貌对待会员	6.51	0.03	5.81	0.05	-0.71	0.06
X_6	指导员拥有很高的体育健身指导能力	6.46	0.04	5.74	0.05	-0.71	0.06
X_7	指导员拥有充分的健身专门知识	6.36	0.04	5.72	0.06	-0.64	0.06
X_8	指导员拥有充分的健身专门技能	6.42	0.04	5.67	0.05	-0.75	0.06
X_9	俱乐部兑现了承诺的事情	6.21	0.05	5.78	0.06	-0.43	0.07
X_{10}	俱乐部值得信赖	6.12	0.05	5.64	0.06	-0.48	0.07
X_{11}	在俱乐部内总是能让会员感觉到很安全	6.15	0.05	5.70	0.05	-0.45	0.07
X_{12}	会员的个人隐私能够得到保密	6.10	0.06	5.66	0.06	-0.44	0.07
X_{13}	俱乐部内总是很清洁	6.34	0.04	5.90	0.06	-0.44	0.06
X_{14}	俱乐部的设施（设备）便于健身运动	6.18	0.04	5.75	0.05	-0.43	0.06
X_{15}	健身设备（器械）丰富多彩	6.18	0.04	5.76	0.05	-0.42	0.06
X_{16}	俱乐部的空间很宽敞	6.18	0.04	5.65	0.06	-0.53	0.07
X_{17}	俱乐部经常更新运动项目	6.07	0.05	5.69	0.06	-0.39	0.06
X_{18}	每一个运动项目的参加人数保持适当	6.06	0.04	5.60	0.05	-0.46	0.06
X_{19}	运动项目的种类多种多样	6.10	0.05	5.63	0.05	-0.47	0.06

续表

代码	项目	期待值（E）		绩效值（P）		评价值（P-E）	
		Mean	Std. D	Mean	Std. D	Mean	Std. D
X_{20}	俱乐部为会员提供各种个人的健身服务	6.08	0.04	5.69	0.06	-0.39	0.06
X_{21}	入会费用的支付方法多种多样	5.90	0.06	5.65	0.06	-0.25	0.07
X_{22}	有各种各样的优惠措施	6.04	0.05	5.62	0.07	-0.42	0.08
X_{23}	提供多种方式的入会价格	5.95	0.06	5.54	0.06	-0.40	0.08
X_{24}	与您享受到的服务相比价格是合理的	6.14	0.05	5.63	0.06	-0.51	0.08

注：服务评价值 = 绩效评价（P）－服务期待（E）。

3.3.3 假设模型的检验

首先对调查数据进行探索性因子分析，探讨健身俱乐部会员感知服务质量的维度结构，与本研究提出的假设模型进行比较，接着对该维度结构进行验证性因子分析，探讨调查数据与模型的拟合程度。

对正式调查问卷中服务属性 24 个属性项目的评价值进行探索性因子分析，碎石图显示，特征值≥1 的因子有 5 个，并且 KMO 值为 0.92，Bartlett 球形检验 $P<0.001$，表明这 24 个项目适合进行因子分析。采用最大似然法提取公因子，旋转方法为 ProMax 旋转。结果显示，固有值≥1的因子有 5 个。这 5 个因子的特征值分别为 10.42、3.13、1.37、1.31 和 1.02，累积方差贡献率 71.81%。所有的因子负荷量在 0.62 以上（$P<0.001$）。5 个因子的 Cronbach 的 α 系数在 0.87 以上（表 3－6）。从总体上看，除了维度的排序与本研究提出的假设模型稍有出入之外，该因子结构基本上可被接受。但第一个因子的特征值相对过大，方差贡献率也相对过高。

从健身俱乐部服务质量 5 个维度之间的相关矩阵看（表 3－7），工作人员（指导员）与价格设定、安全性、服务项目、设施与设备之间的相关系数分别为 0.32、0.47、0.41 和 0.63；价格设定与安全性、服务项目、设施与设备之间的相关系数分别为 0.58、0.59 和 0.56；安全性与服务项目、设施与设备之间的相关系数分别为 0.62 和 0.66；服务项目和设施与设备之间的相关系数为 0.66，均达到显著性统计学水平（$P<0.001$）。

表3－6　对24个服务属性项目进行探索性因子分析的结果

维度	项目	因子载荷	α系数	特征值	累积方差贡献率/%
工作人员（指导员）	X_1 工作人员（指导员）的行为值得会员信赖	0.77	0.92	10.42	43.40
	X_2 工作人员（指导员）总是自觉地帮助会员	0.88			
	X_3 工作人员（指导员）与会员保持很好地沟通	0.81			
	X_4 工作人员（指导员）迅速地提供服务	0.87			
	X_5 工作人员（指导员）一贯地礼貌对待会员	0.74			
	X_6 指导员拥有很高的体育健身指导能力	0.68			
	X_7 指导员拥有充分的健身专门知识	0.62			
	X_8 指导员拥有充分的健身专门技能	0.63			
价格设定	X_{21}入会费用的支付方法多种多样	0.77	0.90	3.13	56.42
	X_{22}有各种各样的优惠措施	0.87			
	X_{23}提供多种方式的入会价格	0.84			
	X_{24}与您享受到的服务相比价格是合理的	0.67			
安全性	X_9 俱乐部兑现了承诺的事情	0.80	0.88	1.37	62.13
	X_{10}俱乐部值得信赖	0.89			
	X_{11}在俱乐部内总是能让会员感觉到很安全	0.84			
	X_{12}会员的个人隐私能够得到保密	0.75			
服务项目	X_{17}俱乐部经常更新运动项目	0.75	0.87	1.31	67.57
	X_{18}每一个运动项目的参加人数保持适当	0.82			
	X_{19}运动项目的种类多种多样	0.73			
	X_{20}俱乐部为会员提供各种个人的健身服务	0.77			
设施与设备	X_{13}俱乐部内总是很清洁	0.65	0.89	1.02	71.81
	X_{14}俱乐部的设施（设备）便于健身运动	0.75			
	X_{15}健身设备（器械）丰富多彩	0.93			
	X_{16}俱乐部的空间很宽敞	0.71			

注：1. Extraction Method: Maximum Likelihood; Rotation Method: Promax with Kaiser Normalization.

2. 服务质量评价的得分为俱乐部会员对服务绩效评价值与服务期待值之间的差。

表 3－7　24 个项目各维度间的相关矩阵

维度	F_1	F_2	F_3	F_4	F_5
F_1	1.00	—	—	—	—
F_2	0.32	1.00	—	—	—
F_3	0.47	0.58	1.00	—	—
F_4	0.41	0.59	0.62	1.00	—
F_5	0.63	0.56	0.66	0.66	1.00

注：F_1 = 工作人员（指导员）；F_2 = 价格设定；F_3 = 安全性；F_4 = 服务项目；F_5 = 设施与设备。

Extraction Method：Maximum Likelihood；Rotation Method：Promax with Kaiser Normalization.

接下来对 24 个服务属性项目进行验证性因子分析。从模型与数据的拟合程度看（CMIN = 580.83，CMIN/DF = 2.40，SRMR = 0.04，GFI = 0.89，AGFI = 0.86，RFI = 0.90，TLI = 0.94，CFI = 0.94，RMSEA = 0.06，AIC = 696.84），基本上达到了能被接受的水平。另外，所有的标准化系数在 0.68 以上，检定统计量都具有显著性的统计学意义（$P < 0.001$）。并且，重相关系数的平方（R^2）只有 1 个服务属性项目为 0.47，低于 0.50 的水平。综合来看，可以判断假设能够被接受。然而一部分下位服务属性项目的修正指数（Modification Indices）较大，GFI 和 AGFI 值也低于 0.90 的被认可的标准。因此，通过改良假设模型，能够构筑拟合度更高的服务质量评价模型（图 3－2）。

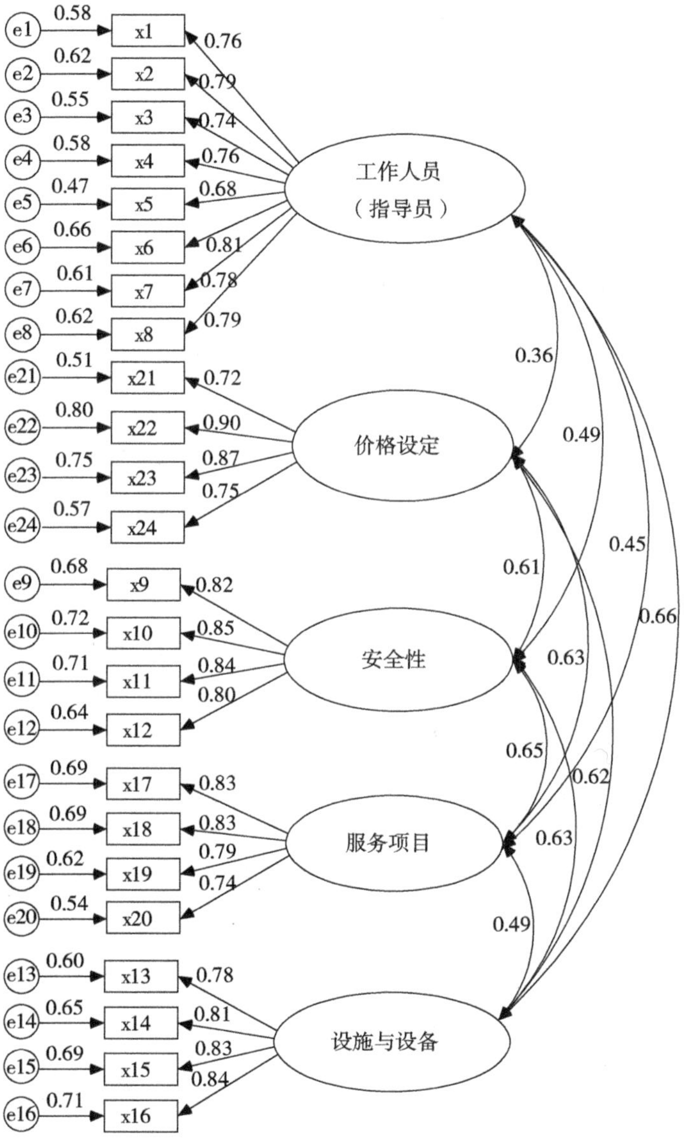

图 3－2　24 个服务属性项目的验证性因子分析结果

3.3.4　模型的改良

修正模型必须在模型结论具有理论依据的前提下进行。也就是说，模型结果要可以被相关领域的知识所解释。侯杰泰等（2006）、丰田（2007）和吴明隆（2010）指出，研究者可以基于修正指标通过模型扩展（Model Building）或者模型限制（Model Trimming）的方法进行模型改良。也就是说，可以通过添加新路径或释放部分限制路径来扩展模型，也可以采用限制或删除部分路径的模型限制方法来简化模型。本研究采用模型限制的方法，即通过减少模型中的项目数量来改良模型（图3－3）。

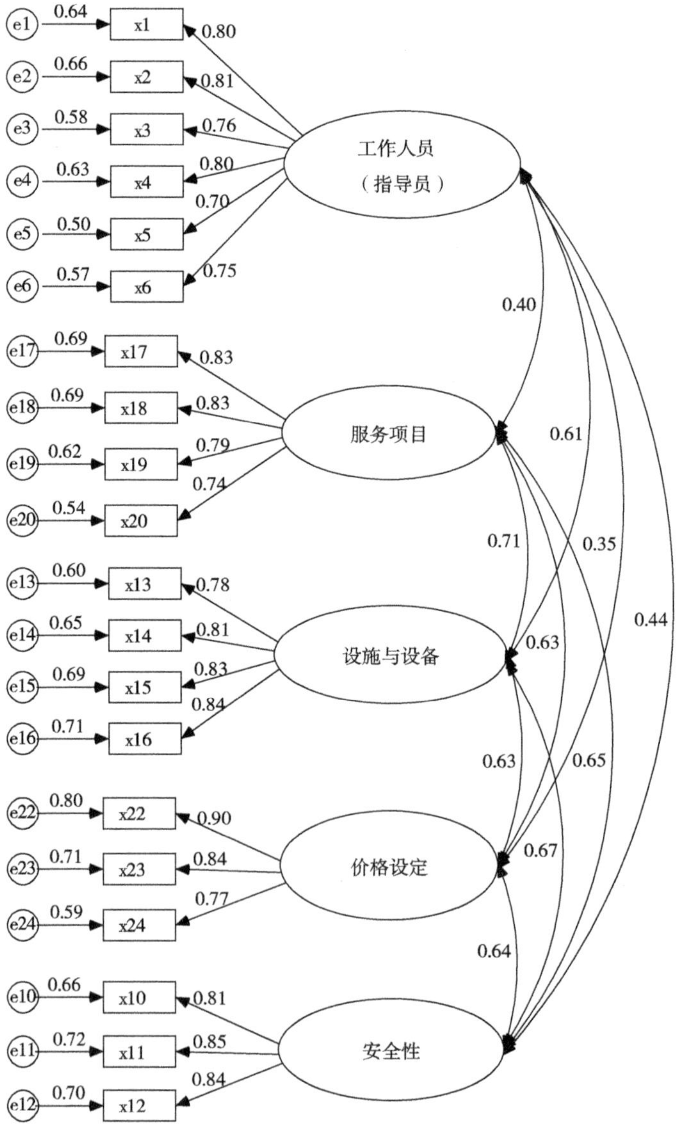

图3－3　PSQAM模型

具体地说，在提出的假设模型的基础上，逐步将修正指数最大的项目从分析中排除，直到模型完全能达到被认可的水平为止。首先，将修正指数最大的服务属性项目“X_8 指导员拥有充分的健身专门技能”从模型的验证性因子分析中删除；接着删除服务属性项目“X_9 俱乐部兑现了承诺的事情”进行验证性因子分析；其次，删除修正指数最大的项目“X_7 指导员拥有充分的健身专门知识”进行分析；最后，删除服务属性项目“X_{21} 入会费用的支付方法多种多样”。就这样，在验证因子分析中依次删除了 4 个属性项目。此时模型与数据的拟合指标达到了可被接受的程度，模型各参数估计的临界比率也达到了建议的标准，并且能解释模型。最后得到一个由 5 个维度 20 个服务属性项目构成的模型。

同时，对这个改良模型 20 个服务属性项目进行探索的因子分析。碎石图显示，特征值≥1 的因子有 5 个，并且 KMO 值为 0.93，Bartlett 球形检验 $P<0.001$，表明这 20 个项目适合进行因子分析。

采用最大似然法提取公因子，旋转方法为 ProMax 旋转。结果抽出 5 个特征值≥1 的因子。如表 3－8 所示，这 5 个因子的特征值分别为 8.83、2.66、1.23、1.06 和 1.01，累积方差贡献率 73.97%。所有的因子负荷量 0.60 以上（$P<0.001$）。5 个因子的 Cronbach 的 α 系数在 0.87 以上（表 3－6）。从总体上看，改良模型的维度结构与本研究提出的假设模型一致。也就是说，对模型进行改良之后，因子分析的结果支持本研究提出的假设模型。在本研究中，将这个改良模型称为 SQAM（Service Quality Assessment Model）模型。

从改良模型 5 个维度之间的相关矩阵看（表 3－9），各维度之间的相关系数在 0.33～0.65，均达到显著性统计学水平（$P<0.001$）。与改良前相比（表 3－7），相关系数的最低值稍有提高，而最高值稍有下降。基于丰田（2007）和吴明隆（2010）提出的模型各维度之间的相关系数不宜过小或过大的观点，从整体上看，改良模型各维度之间的相关系数相对改良前有所改善。

表 3-8　改良模型的探索性因子分析结果

维度	项目	因子载荷	α系数	特征值	累积贡献率/%
工作人员（指导员）	X_1 工作人员（指导员）的行为值得会员信赖	0.77	0.92	8.83	44.16
	X_2 工作人员（指导员）总是自觉地帮助会员	0.85			
	X_3 工作人员（指导员）与会员保持很好地沟通	0.78			
	X_4 工作人员（指导员）迅速地提供服务	0.85			
	X_5 工作人员（指导员）一贯地礼貌对待会员	0.72			
	X_6 指导员拥有很高的体育健身指导能力	0.60			
服务项目	X_{17}俱乐部经常更新运动项目	0.75	0.90	2.66	57.47
	X_{18}每一个运动项目的参加人数保持适当	0.82			
	X_{19}运动项目的种类多种多样	0.74			
	X_{20}俱乐部为会员提供各种个人的健身服务	0.77			
设施与设备	X_{13}俱乐部内总是很清洁	0.66	0.88	1.23	63.61
	X_{14}俱乐部的设施（设备）便于健身运动	0.75			
	X_{15}健身设备（器械）丰富多彩	0.93			
	X_{16}俱乐部的空间很宽敞	0.73			
价格设定	X_{22}有各种各样的优惠措施	0.97	0.87	1.06	68.92
	X_{23}提供多种方式的入会价格	0.78			
	X_{24}与您享受到的服务相比价格是合理的	0.68			
安全性	X_{10}俱乐部值得信赖	0.79	0.87	1.01	73.97
	X_{11}在俱乐部内总是能让会员感觉到很安全	0.84			
	X_{12}会员的个人隐私能够得到保密	0.82			

注：1. Extraction Method：Maximum Likelihood；Rotation Method：Promax with Kaiser Normalization.

2. 服务质量评价的得分为俱乐部会员对服务绩效评价值与服务期待值之间的差。

表 3－9　20 个项目各维度间的相关矩阵

维度	F_1	F_2	F_3	F_4	F_5
F_1	1.00	—	—	—	—
F_2	0.37	1.00	—	—	—
F_3	0.59	0.65	1.00	—	—
F_4	0.33	0.60	0.59	1.00	—
F_5	0.43	0.60	0.63	0.60	1.00

注：F_1 = 工作人员（指导员）；F_2 = 服务项目；F_3 = 设施与设备；F_4 = 价格设定；F_5 = 安全性。

Extraction Method：Maximum Likelihood；Rotation Method：Promax with Kaiser Normalization.

3.3.5 改良模型分析

3.3.5.1 模型的整体评价

有关模型的整体评价，侯杰泰等（2006）、丰田（2007）、吴明隆（2010）建议采用模型与数据的拟合度、标准化系数和重相关系数的平方（R^2）3 个方面的指标进行评价。在本研究中，遵循这 3 个方面的基准，SQAM 模型都达到了能被接受的水平。具体表现在：第一，从模型与数据的拟合指标看，CMIN = 298.80、CMIN/DF = 1.87、SRMR = 0.04、GFI = 0.93、AGFI = 0.90、RFI = 0.93、TLI = 0.97、CFI = 0.97、RMSEA = 0.05、AIC = 398.80，已经达到了模型能被认可的标准。第二，模型的标准化系数介于 0.74～0.90（图 3－3），均具有显著的统计学意义（$P < 0.001$）。第三，重相关系数的平方（R^2）值，均达到了 0.50 以上的标准（山本和小野寺，2005；侯杰泰，等，2006；丰田，2007）。基于此，可以从总体上判断 SQAM 是一个可被接受的模型。

3.3.5.2 信度分析

本研究采用 Cronbach 的 α 系数和组合信度来分析模型的信度（周强和李祥坤，2011）。在本研究中，模型总体 20 个项目的 Cronbach 的 α 系数为 0.93，各维度的 Cronbach 的 α 系数为 0.87～0.92（表 3－8）。同时 Fomell 和 Larcker（1981）和 Bagozzi 和 Yi（1988）主张模型的组

合信度 CR（composite reliability 的简称，是一个潜变量全部下位属性项目的信度的合成指标）的值大于 0.70 的场合，就能判断潜变量的信度较高。SQAM 模型潜变量的 CR 值为 0.96 ~ 0.98，高于 0.70 的标准（表 3 - 10）。因此，SQAM 模型的信度得到了确认。

3.3.5.3 效度分析

内容效度：SQAM 模型是基于文献述评、数位专家的意见和现场视察以及 2 次预备调查而筛选出的服务属性项目，在此基础上正式调查的数据也支持本研究提出的假设模型。这意味着在较大程度上可以认为本研究开发的模型（SQAM）的内容效度比较高。

收敛效度：Fomell 和 Larcker（1981），Bagozzi 和 Yi（1988），及 Chau（1997）主张可以用平均提取方差值 AVE（Average Variance Extracted 的略语，是统计学中检验结构变量内部一致性的统计量）来探讨模型的收敛效度。他们认为同时满足以下 3 个条件的场合，即 $R^2 \geq 0.50$，$CR \geq 0.70$ 和 $AVE \geq 0.50$，模型的收敛效度就能被接受。在本研究中，这 3 个指标的值（表 3 - 10）均达到了这些要求，基于此，可以判断模型具有收敛效度。

表 3 - 10　模型的标准化系数、检验统计量、R^2、AVE、CR 和各维度的 Cronbach α 系数

维度	项目	标准化系数	检验统计量	P	R^2	AVE	CR	Cronbach α 系数
工作人员（指导员）	X_1	0.80	—	—	0.64	0.91	0.98	0.90
	X_2	0.81	17.22	***	0.66			
	X_3	0.76	15.75	***	0.58			
	X_4	0.80	16.63	***	0.63			
	X_5	0.70	14.28	***	0.50			
	X_6	0.75	15.66	***	0.57			
服务项目	X_{17}	0.83	—	—	0.69	0.91	0.98	0.87
	X_{18}	0.83	18.37	***	0.69			
	X_{19}	0.79	17.08	***	0.62			
	X_{20}	0.74	15.27	***	0.54			

续表

维度	项目	标准化系数	检验统计量	P	R^2	AVE	CR	Cronbach α 系数
设施与设备	X_{13}	0.78	—	—	0.60	0.91	0.98	0.89
	X_{14}	0.81	16.54	***	0.65			
	X_{15}	0.83	17.11	***	0.69			
	X_{16}	0.84	17.10	***	0.71			
价格设定	X_{22}	0.90	—	—	0.82	0.90	0.96	0.88
	X_{23}	0.84	20.72	***	0.71			
	X_{24}	0.77	18.08	***	0.59			
安全性	X_{10}	0.81	—	—	0.66	0.91	0.96	0.87
	X_{11}	0.85	17.95	***	0.72			
	X_{12}	0.84	17.72	***	0.70			

注：***$P<0.001$（双侧）；R^2 = 决定系数；AVE = Average Variance Extracted；CR = composite reliability；“—”因为路径系数固定为 1，检定统计量和概率为缺损值。

区分效度：Fomell 和 Larcker（1981）及 Bagozzi 和 Yi（1988）指出，当模型的各维度的 AVE 值大于该维度的各下位项目的重相关系数的平方值（R^2）时，就能判断模型具有区分效度。如表 3 - 11 所示，SQAM 模型达到了这个标准。因此，区分效度得以确认。另外，根据 Churchill（1979）的主张，SQAM 模型各维度及其下位项目的相关系数明显比该变量和其他变量之间的相关系数要高（表 3 - 11），也可以判断该模型具有区分效度。

结构效度：SQAM 模型的各维度均由 3 个或 3 个以上的下位项目构成，如前所述，标准化系数为 0.70 ~ 0.90，并且均达到了显著性的统计学水平（$P<0.001$）。同时，从主要的拟合度指标判断，这个模型也能被接受。因此，根据德永（2004）的观点，SQAM 模型具有能被认可的因子效度。

表 3-11 分析变量之间的相关矩阵

	F_1	F_2	F_3	F_4	F_5	X_1	X_2	X_3	X_4	X_5	X_6	X_{10}	X_{11}	X_{12}	X_{13}	X_{14}	X_{15}	X_{16}	X_{17}	X_{18}	X_{19}	X_{20}	X_{22}	X_{23}	X_{24}
F_1	1.00																								
F_2	0.61	1.00																							
F_3	0.40	0.71	1.00																						
F_4	0.44	0.67	0.65	1.00																					
F_5	0.35	0.63	0.63	0.64	1.00																				
X_1	0.80	0.49	0.32	0.35	0.28	1.00																			
X_2	0.81	0.50	0.33	0.36	0.29	0.65	1.00																		
X_3	0.76	0.47	0.30	0.33	0.27	0.61	0.62	1.00																	
X_4	0.80	0.49	0.32	0.35	0.28	0.63	0.65	0.61	1.00																
X_5	0.70	0.43	0.28	0.31	0.25	0.56	0.57	0.54	0.56	1.00															
X_6	0.75	0.46	0.30	0.33	0.27	0.60	0.61	0.57	0.60	0.53	1.00														
X_{10}	0.36	0.54	0.53	0.81	0.52	0.28	0.29	0.27	0.28	0.25	0.27	1.00													
X_{11}	0.37	0.57	0.55	0.85	0.54	0.30	0.30	0.28	0.30	0.26	0.28	0.69	1.00												
X_{12}	0.37	0.56	0.54	0.84	0.53	0.29	0.30	0.28	0.29	0.26	0.28	0.68	0.71	1.00											
X_{13}	0.48	0.78	0.55	0.52	0.49	0.38	0.39	0.36	0.38	0.33	0.36	0.42	0.44	0.43	1.00										
X_{14}	0.49	0.81	0.57	0.54	0.51	0.39	0.40	0.38	0.39	0.35	0.37	0.44	0.46	0.45	0.63	1.00									

续表

	F_1	F_2	F_3	F_4	F_5	X_1	X_2	X_3	X_4	X_5	X_6	X_{10}	X_{11}	X_{12}	X_{13}	X_{14}	X_{15}	X_{16}	X_{17}	X_{18}	X_{19}	X_{20}	X_{22}	X_{23}	X_{24}
X_{15}	0. 51	0. 83	0. 59	0. 56	0. 52	0. 41	0. 42	0. 39	0. 41	0. 36	0. 38	0. 45	0. 47	0. 47	0. 65	0. 67	1. 00								
X_{16}	0. 52	0. 84	0. 60	0. 56	0. 53	0. 41	0. 42	0. 39	0. 41	0. 36	0. 39	0. 46	0. 48	0. 47	0. 65	0. 68	0. 70	1. 00							
X_{17}	0. 33	0. 59	0. 83	0. 54	0. 53	0. 27	0. 27	0. 25	0. 27	0. 23	0. 25	0. 44	0. 46	0. 45	0. 46	0. 47	0. 49	0. 50	1. 00						
X_{18}	0. 33	0. 59	0. 83	0. 54	0. 53	0. 26	0. 27	0. 25	0. 26	0. 23	0. 25	0. 44	0. 45	0. 45	0. 45	0. 47	0. 49	0. 49	0. 69	1. 00					
X_{19}	0. 31	0. 55	0. 79	0. 51	0. 50	0. 25	0. 26	0. 24	0. 25	0. 22	0. 24	0. 41	0. 43	0. 42	0. 43	0. 45	0. 46	0. 47	0. 65	0. 65	1. 00				
X_{20}	0. 29	0. 52	0. 74	0. 48	0. 47	0. 24	0. 24	0. 22	0. 23	0. 21	0. 22	0. 39	0. 40	0. 40	0. 40	0. 42	0. 43	0. 44	0. 61	0. 61	0. 58	1. 00			
X_{22}	0. 32	0. 57	0. 57	0. 57	0. 90	0. 25	0. 26	0. 24	0. 25	0. 22	0. 24	0. 47	0. 49	0. 48	0. 44	0. 46	0. 47	0. 48	0. 48	0. 48	0. 45	0. 42	1. 00		
X_{23}	0. 30	0. 53	0. 54	0. 54	0. 84	0. 24	0. 24	0. 23	0. 24	0. 21	0. 22	0. 44	0. 46	0. 45	0. 41	0. 43	0. 44	0. 45	0. 45	0. 44	0. 42	0. 39	0. 76	1. 00	
X_{24}	0. 27	0. 48	0. 49	0. 49	0. 77	0. 22	0. 22	0. 21	0. 22	0. 19	0. 20	0. 40	0. 42	0. 41	0. 37	0. 39	0. 40	0. 41	0. 41	0. 41	0. 38	0. 36	0. 70	0. 65	1. 00

注：F_1 = 工作人员（指导员）；F_2 = 设施与设备；F_3 = 服务项目；F_4 = 安全性；F_5 = 价格设定；各相关系数均达到统计学意义上的显著性水平（$P < 0.001$）。

3.3.5.4 模型参数推定值精度检验

改良模型标准化系数的 Bootstrap 方法推定结果和偏差矫正 95% 的信赖区间的推定值如表 3 - 12 所示。参数估计值的全部偏差在 0.0025 以下，标准误差值也很小，在 0.0364 以下。根据 Arbuckle（2006）、丰田（2003，2007）的建议，可以判断基于本研究的调查数据，SQAM 模型的参数估计的精度较高。从 95% 水平的偏差矫正信赖区间的推定值看，基于 Bootstrap 方法的参数推定值与模型 SQAM 的估计值大致相同，这表明 SQAM 模型参数估计值是可靠的，模型并没有因样本量的变化而出现较大的变化，这也从一个侧面表明 SQAM 模型的稳定性得到了确认。

表 3 - 12　改良模型标准化系数的 Bootstrap 方法推定结果和偏差矫正信赖区间（n=1 000，95%）

参数	Bootstrap 方法推定结果			偏差矫正信赖区间			
	标准误差	平均值	偏差	推定值	下限	上限	概率值
$SQ_1 \to X_1$	0.0242	0.7956	-0.0005	0.7960	0.7416	0.8373	0.0026
$SQ_1 \to X_2$	0.0277	0.8133	-0.0003	0.8136	0.7469	0.8593	0.0031
$SQ_1 \to X_3$	0.0294	0.7676	0.0002	0.7674	0.7012	0.8215	0.0027
$SQ_1 \to X_4$	0.0240	0.8013	0.0011	0.8002	0.7430	0.8406	0.0038
$SQ_1 \to X_5$	0.0359	0.7096	0.0003	0.7093	0.6278	0.7709	0.0032
$SQ_1 \to X_6$	0.0265	0.6641	-0.0025	0.6666	0.6125	0.7162	0.0013
$SQ_2 \to X_{13}$	0.0272	0.7739	-0.0013	0.7752	0.7186	0.8267	0.0016
$SQ_2 \to X_{14}$	0.0257	0.8080	0.0003	0.8076	0.7520	0.8533	0.0028
$SQ_2 \to X_{15}$	0.0257	0.8319	0.0000	0.8319	0.7762	0.8806	0.0024
$SQ_2 \to X_{16}$	0.0219	0.8448	0.0007	0.8441	0.7991	0.8835	0.0031
$SQ_3 \to X_{17}$	0.0242	0.8301	-0.0021	0.8322	0.7786	0.8745	0.0017
$SQ_3 \to X_{18}$	0.0303	0.8278	-0.0014	0.8293	0.7611	0.8805	0.0024
$SQ_3 \to X_{19}$	0.0292	0.7844	-0.0015	0.7859	0.7215	0.8361	0.0021
$SQ_3 \to X_{20}$	0.0364	0.7369	0.0007	0.7362	0.6485	0.7953	0.0032

续表

参数	Bootstrap 方法推定结果			偏差矫正信赖区间			
	标准误差	平均值	偏差	推定值	下限	上限	概率值
$SQ_4 \to X_{10}$	0.0293	0.8124	-0.0010	0.8134	0.7511	0.8661	0.0023
$SQ_4 \to X_{11}$	0.0267	0.8477	-0.0020	0.8497	0.7924	0.8962	0.0021
$SQ_4 \to X_{12}$	0.0235	0.8350	-0.0020	0.8370	0.7916	0.8809	0.0013
$SQ_5 \to X_{22}$	0.0187	0.9037	0.0001	0.9036	0.8588	0.9347	0.0032
$SQ_5 \to X_{23}$	0.0305	0.8428	-0.0017	0.8445	0.7740	0.8940	0.0022
$SQ_5 \to X_{24}$	0.0318	0.7698	-0.0008	0.7706	0.7000	0.8265	0.0028

注：SQ_1 = 工作人员（指导员）；SQ_2 = 设施与设备；SQ_3 = 服务项目；SQ_4 = 安全性；SQ_5 = 价格设定。

3.3.5.5 模型维度结构稳定性的检验

山本和小野寺（2005）主张多组群体同时分析的方法能检验模型的稳定性。本研究开发的SQAM是采用上海市和广州市健身俱乐部会员的数据，基于样本整体开发出的模型，该模型对于上海市和广州市的被试来说，其维度结构的稳定性如何还有待于检验。本研究基于山本和小野寺（2005）的建议，分别采用上海（$n=230$）和广东（$n=146$）等地域的调查数据，对SQAM模型维度结构的稳定性进行检验。结果表明，上海的场合，数据与模型的拟合指标（CMIN = 305.17，CMIN/DF = 1.91，GFI = 0.92，AGFI = 0.90，SRMR = 0.05，RFI = 0.90，TLI = 0.94，CFI = 0.95，RMSEA = 0.06）均达到了模型拟合的建议值，模型中各服务属性项目的标准化载荷值在0.68以上（$P<0.001$）；广东的场合，模型与数据的拟合指标（CMIN = 255.01，CMIN/DF = 1.59，GFI = 0.91，AGFI = 0.90，SRMR = 0.06，RFI = 0.90，TLI = 0.94，CFI = 0.95，RMSEA = 0.06）也达到了模型拟合的基准，模型中各服务属性项目的标准化载荷值在0.62以上（$P<0.001$）。根据以上模型拟合指标与各参数推定值可以判断SQAM模型的维度结构呈现出了一定的稳定性。

3.3.6 SERVQUAL 方法和 SERVPERF 方法的比较

对24个服务属性项目的绩效评价进行探索性因子分析，碎石图显示，特征值≥1 的因子有 4 个，并且 KMO 值为 0.95，Bartlett 球形检验 $P<0.001$，表明了这 24 个服务绩效评价项目适合进行因子分析。采用最大似然法提取公因子，旋转方法为 Promax 旋转。结果显示，固有值≥1 的因子有 4 个。这 4 个因子的特征值分别为 13.08、1.91、1.28 和 1.06，累积方差贡献率 72.19%。所有的因子负荷量在 0.38 以上（$P<0.001$）。4 个因子的 Cronbach 的 α 系数在 0.89 以上（表 3－13）。

从这些数据看，虽然不能断然否认 SERVPERF 方法的无效性，但至少存在以下几个问题值得探讨。第一，与 SERVQUAL 方法相比，服务项目、设施与设备 2 个维度合并成了 1 个维度。相对来说难以解释。也就是说，探索性因子分析的结果是，本研究提出的 5 个维度假设模型被拒绝。第二，虽然对因子载荷没有明确规定，但一般来说在 0.50～0.95 范围内比较容易得到认可（侯杰泰，等，2006；丰田，2007）。但采用顾客服务绩效评价值进行探索性因子分析的结果表明，“X_6 指导员拥有很高的体育健身指导能力”和“X_8 指导员拥有充分的健身专门技能”的因子载荷分别为 0.38 和 0.45，而“X_{10}俱乐部值得信赖”的因子载荷却超过了 1.00，前 2 个项目低于被认可的 0.50 的标准，而后者却难以解释，要将该项目的因子载荷控制在被认可的范围内，就有必要限制残差方差为常数。第三，从维度的方差贡献率看，基于 SERVPERF 方法的 4 个维度的解释差异跨度（54.50%～4.43%）过大，而基于 SERVQUAL 方法的 5 个维度的解释差异跨度（43.40%～4.24%）相对均衡。产生这种现象的可能原因难以解释。总之，基于探索性因子分析的结果，SERVPERF 方法比 SERVQUAL 方法难以解释的问题相对较多，在一定程度上可以认为，基于本研究的调查数据，采用 SERVQUAL 方法评价健身俱乐部服务质量比 SERVPERF 方法相对要好。

表3-13 对24个服务属性项目绩效评价进行探索性因子分析的结果

维度	项目	因子载荷	α系数	特征值	累积方差贡献率/%
设施与项目	X_{13}俱乐部内总是很清洁	0.59	0.93	13.08	54.50
	X_{14}俱乐部的设施（设备）便于健身运动	0.51			
	X_{15}健身设备（器械）丰富多彩	0.96			
	X_{16}俱乐部的空间很宽敞	0.63			
	X_{17}俱乐部经常更新运动项目	0.82			
	X_{18}每一个运动项目的参加人数保持适当	0.77			
	X_{19}运动项目的种类多种多样	0.81			
	X_{20}俱乐部为会员提供各种个人的健身服务	0.73			
工作人员（指导员）	X_1 工作人员（指导员）的行为值得会员信赖	0.67	0.93	1.91	62.45
	X_2 工作人员（指导员）总是自觉地帮助会员	0.87			
	X_3 工作人员（指导员）与会员保持很好地沟通	0.85			
	X_4 工作人员（指导员）迅速地提供服务	0.90			
	X_5 工作人员（指导员）一贯地礼貌对待会员	0.76			
	X_6 指导员拥有很高的体育健身指导能力	0.38			
	X_7 指导员拥有充分的健身专门知识	0.50			
	X_8 指导员拥有充分的健身专门技能	0.45			
价格设定	X_{21}入会费用的支付方法多种多样	0.71	0.92	1.28	67.77
	X_{22}有各种各样的优惠措施	0.85			
	X_{23}提供多种方式的入会价格	0.86			
	X_{24}与您享受到的服务相比价格是合理的	0.79			
安全性	X_9 俱乐部兑现了承诺的事情	0.72	0.89	1.06	72.19
	X_{10}俱乐部值得信赖	1.00			
	X_{11}在俱乐部内总是能让会员感觉到很安全	0.62			
	X_{12}会员的个人隐私能够得到保密	0.71			

注：Extraction Method：Maximum Likelihood；Rotation Method：Promax with Kaiser Normalization.

为了进一步对 SERVQUAL 方法和 SERVPERF 方法进行比较，本研究构建 3 种模型，通过这 3 种模型与数据的拟合程度进行比较。具体地说，模型 1 是基于健身俱乐部会员感知服务质量评价与服务期待的差距模型，即采用 SERVQUAL 方法评价服务质量的模型（图 3－2）；模型 2 是采用 SERVPERF 方法，根据本研究提出的假设模型的 5 维度结构［“工作人员（指导员）”“服务项目”“设施与设备”“价格设定”和“安全性”］构建服务绩效评价模型；模型 3 是采用 SERVPERF 方法，根据上述探索性因子分析的结果（表 3－13）构建 4 维度［“项目与设施”“工作人员（指导员）”“价格设定”和“安全性”］的服务绩效评价模型。构建模型与数据的拟合程度如表 3－14 所示。

从模型与数据的拟合指标看，在模型 1 与数据的拟合度指标（CMIN = 580. 83，CMIN/DF = 2. 40，SRMR = 0. 04，GFI = 0. 89，AGFI = 0. 86，RFI = 0. 90，TLI = 0. 94，CFI = 0. 94，RMSEA = 0. 06，AIC = 696. 84）中，仅 GFI 和 AGFI 低于 0. 90 的标准，而在模型 2 与数据的拟合度指标（CMIN = 1 059. 44，CMIN/DF = 3. 91，SRMR = 0. 09，GFI = 0. 80，AGFI = 0. 77，RFI = 0. 86，TLI = 0. 89，CFI = 0. 90，RMSEA = 0. 15，AIC = 1 117. 44）和模型 3 与数据的拟合度指标（CMIN = 1 036. 39，CMIN/DF = 3. 96，SRMR = 0. 09，GFI = 0. 80，AGFI = 0. 77，RFI = 0. 86，TLI = 0. 90，CFI = 0. 90，RMSEA = 0. 11，AIC = 1 112. 39）中，指标 GFI、AGFI、RFI、SRMR 和 RMSEA 均未能达到可被接受的标准。从 AIC 这一指标看，模型 3 要优于模型 2。也就是说，在本研究构建的 3 种模型中，模型 1 与数据的拟合程度最高，其次是模型 3，最后是模型 2。（图 3－4）

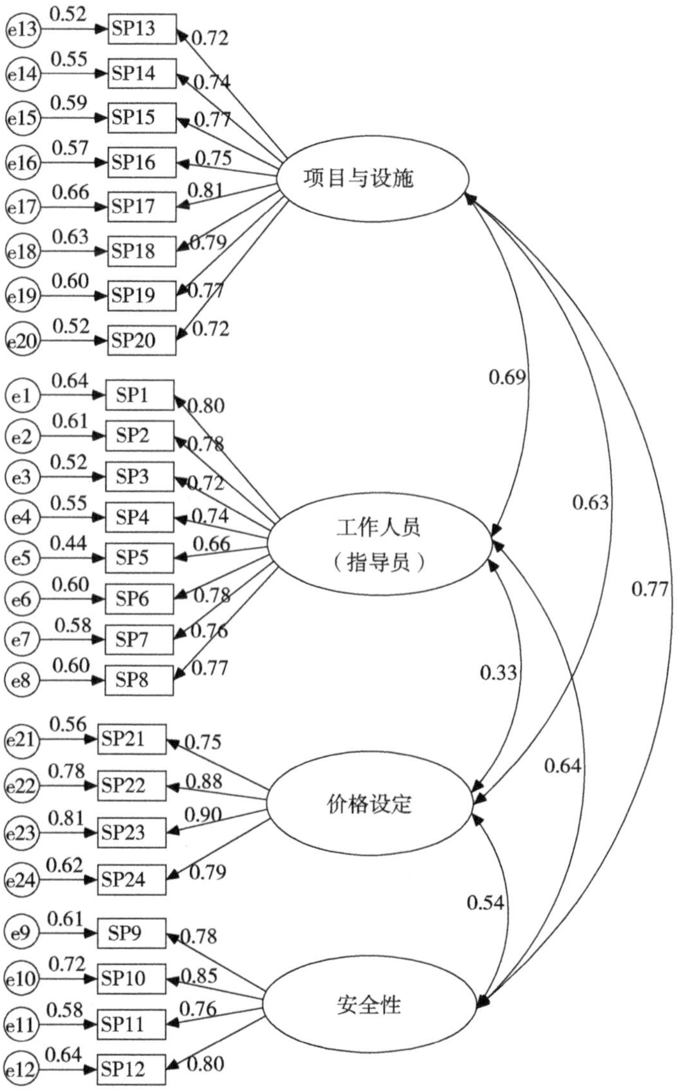

图 3－4　基于 24 个项目的服务绩效评价模型

虽然单纯基于探索性因子分析和验证性因子分析的结果，不能断言在进行健身俱乐部服务质量评价时 SERVQUAL 方法要优于 SERVPERF 方法，但基于本研究的调查数据，可以判断相对于 SERVPERF 方法来说，采用 SERVQUAL 方法评价健身俱乐部服务质量，其模型更容易解释，模型各维度的方差贡献率更为均衡，各参数估计的临界值达到统计学上显著水平的相对更多。因此，可以判断在进行健身俱乐部服务质量评价时，采用SERVQUAL方法更为合理。这样的结论虽然获得了许多研究的支持，但也与Cronin和Taylor（1992），以及黄谦（2012）的研究结论相反。为何会出现这样的结果？还有待今后更多的实证研究去探索。表3－14为基于SERVQUAL和SERVPERF方法构建的3个模型的比较。

表3－14 基于SERVQUAL和SERVPERF方法构建的3个模型的比较

模型	CMIN	CMIN/DF	GFI	AGFI	RFI	TLI	CFI	SRMR	RMSEA	AIC
1	580.83	2.40	0.89	0.86	0.90	0.94	0.94	0.04	0.06	696.84
2	1 059.44	3.91	0.80	0.77	0.86	0.89	0.90	0.09	0.15	1 117.44
3	1 036.39	3.96	0.80	0.77	0.86	0.90	0.90	0.09	0.11	1 112.39

注：模型1是24个项目服务质量评价（P－E）模型；模型2是5个维度24个项目绩效评价（P）；模型3是4个维度24个项目绩效评价（P）模型。

3.4 讨 论

本研究在参考SERVQUAL模型（PZB，1988）的概念操作化方法的同时，结合我国健身行业的特征，开发出了一个新的、信效度通过检验的健身俱乐部服务质量评价模型SQAM。本研究通过如图3－1所示的一系列的工作，明确了有关健身俱乐部服务质量评价研究和本研究对管理实践的启示的几个问题。

3.4.1 有关健身俱乐部服务质量评价研究

第一，有关本研究开发的SQAM模型的维度结构及其与SERVQUAL模型（PZB，1988）的关系的问题。本研究根据相关学者（Kim，等，1995；Howat，等，1996；Papadimitriou和Karteroliotis，2000；齐静和王慧，2009；Ko和Pastore，2005；Lam，等，2005；Albayrak和Caber，2014；郑旗和张鹏，2015）的建议，在借鉴SERVQUAL模型概念操作化方法的基础上，结合能反映健身消费特征的维度结构评价健身俱乐部会员感知服务质量。研究结果揭示了健身俱乐部会员感知服务质量由“工作人员（指导员）”“服务项目”“设施与设备”“价格设定”和“安全性”5个维度20个服务属性项目构成。这样的维度结构与SERVQUAL模型的维度结构不同。换句话说，本研究虽然借鉴了SERVQUAL模型的方法，但在SQAM模型中并没有体现出SERVQUAL模型的维度结构。究其原因，也许可以从以下4个方面来解释（周强和李祥昆，2011）。

一是最初的服务属性项目不同。在本研究最初的服务属性项目的列表中，除了SERVQUAL模型（PZB，1988）的2个服务属性项目之外，还加入了较多的与健身行业特征相关的服务属性项目。经过2次预备问卷调查和多次探索性因子分析以及验证性因子分析，从分析中排除了多数服务属性项目，最后开发出的服务质量评价模型SQAM的维度结构不能支持SERVQUAL模型的维度结构也是完全可能的事情。即使是这样，如表3-6所示，SQAM模型中"工作人员（指导员）""服务项目""设施与设备"和"安全性"4个维度中的大多数测定项目，其内容与SERVQUAL模型的测定项目的内容相一致。这意味着本研究开发的服务质量评价模型SQAM，在一定程度上能较好地反映出SERVQUAL模型的有形性、可靠性、响应性、保证性和移情性的特征。

二是被试所处地域的不同。因为感知服务质量是顾客对服务的一种主观评价，所以，健身俱乐部所在地域的文化有可能影响顾客评价服务质量。SERVQUAL模型的被试是北美的消费者，而与北美消费者相比，我国健身服务行业的发展状况、健身观念和国民的收入水平存在着差距。这表明了在一定程度上可以理解本研究SQAM模型的维度结构与SERVQUAL模型的不同。

三是开发模型的出发点不同。SERVQUAL模型是PZB（1988）为评价全部服务行业的顾客感知服务质量而开发的模型，模型的维度结构自然具有一般化的特征。本研究SQAM模型只是立足于我国的健身俱乐部会员感知的服务质量评价，模型的维度结构自然具有健身行业的特点。

四是消费情境不同。本研究以健身俱乐部的会员为调查对象，而SERVQUAL模型却以电气产品修理、银行、长途电话及信用卡4个服务业的用户为调查对象。也就是说，2个模型的调查对象不同，消费情境也不同。Carman（1990）、Babakus和Boller（1992）及Cronin和Taylor（1992）的研究结果表明了消费情境不同，SERVQUAL模型的维度结构也不同。基于此，也就不难理解本研究SQAM模型与SERVQUAL模型的维度结构不同的事实。

综上所述，本研究认为SQAM模型的维度结构在一定程度上是能被接受的。但是，在此值得注意的是，在 SERVQUAL（PZB，1988）及其先期研究（PZB，1985）中，将与“价格设定”相关的内容作为顾客感知价值的评价项目来使用。Zeithaml（1988）也把“价格设定”看作是顾客评价服务质量的前因之一。这意味着“价格设定”在健身俱乐部会员感知服务质量指标体系中是一个较为微妙的维度，有待于今后进一步深入研究。

第二，有关根据服务行业的特征开发感知服务质量评价模型的方法问题。如前所述，本研究在参考 SERVQUAL 的概念操作化方法的同时，又试图证实健身俱乐部消费情境的特殊性。从现有研究看，有很多学者（Kim，等，1995；Howat，等，1996；Papadimitriou 和 Karteroliotis，2000；Ko 和 Pastore，2005；Lam，等，2005；齐静和王慧，2009）采用了这样的方法评价健身俱乐部的服务质量，同时该方法也与不少研究者（Dabholkar，等，2000；Carman，1990；Babakus 和 Boller，1992）的观点相一致。从本研究实证结果看，一是模型与调查数据的拟合程度达到了能被接受的水平，模型的信效度也通过了检验；二是基于 Bootstrap 方法的参数推定值揭示了该模型各参数的估计值具有较高的精度；三是多组群体同时分析的结果表明了该模型具有一定程度的稳定性。这些分析结果在一定程度上证明了这一方法的有效性。但到目前为止，这种方法还缺少体系化的理论支撑。这意味着今后还需借助大量的相关实证研究来为这种方法确立理论体系。

第三，有关采用差距模型评价服务质量的有效性的问题。在市场营销研究领域，除了以 SERVQUAL 模型为代表的差距模型外，采用 SERVPERF 模型（Cronin 和 Taylor，1992）的研究也不少。之所以这样，可能是出于以下 3 个方面的理由：一是 SERVPERF 模型只使用 SERVQUAL 模型（PZB，1988）的服务绩效的测定项目，采用该模型评价服务质量能减轻回答者的负担；二是有研究者（Teas，1993）指出，在采用差距模型进行服务质量评价时，因为顾客的期待值较高而可能使服务质量的评价值产生偏差；三是研究结果表明，以此模型测定的服务质量也能准确地预测顾客满意和行为意向（Cronin 和 Taylor，1992）。但是，在服务质量评价研究领域，差距模型有着其他模型不可企及的影响（Kim，等，1995；Dabholkar，等，2000；Brady 和 Cronin，2001）；同时，本研究的结果也验证了差距模型评价健身服务质量的有效性，特别是本研究通过探索性因子分析和验证性因子分析的结果证实了在健身俱乐部会员感知服务质量评价时，采用 SERVQUAL 方法比采用 SERVPERF 方法更容易对模型进行解释（表 3 – 13），数据与模型的拟合程度也更好（表 3 – 14）。也就是说，本研究结果在一定程度上验证了 SERVQUAL 模型比 SERVPERF 模型更适宜于健身俱乐部服务质量评价。在此需要指出的是，本研究全部服务属性项目的服务质量评价值均为负数（表 3 – 5）。基于差距模型理论，这有可能是健身俱乐部会员对全部服务属性项目不满意的表现，也可能是如 Teas（1993）所报告的那样，是健身俱乐部会员对服务的期待过高而导致的结果。为了解释其原因，今后有必要分析服务期待值较高的会员的特征。同时，今后还应该进一步检验采用 SERVPERF 方法评价健身俱乐部服务质量的有效性。

3.4.2 对健身俱乐部管理实践的启示

本研究开发的健身俱乐部服务质量评价模型 SQAM，在以下 2 个方面可以灵活运用于健身俱乐部经营管理实践。一方面，对健身俱乐部来说，以满足顾客来获得或维持顾客的固定率是重要的。为了满足顾客，各种各样的方法可以考虑，其中向顾客提供优质的服务是重要的手段之一。为此，把握顾客的服务的期待和绩效评价是不可缺少的（原田，等，1991）。本研究仅以经济较发达的上海市和广东省的广州市等地的俱乐部的顾客为对象开发了健身服务质量评价模型 SQAM，虽然不能说 SQAM 模型一定适用于我国所有健身俱乐部的服务质量评价，但是，本研究在采用了传统的服务质量评价模型（SERVQUAL）的方法的同时，还考虑了行业和顾客的特征。基于这样的服务质量评价方法，SQAM 模型作为一种营销工具灵活运用，探讨和评价其他地域的健身俱乐部或其他体育设施的服务质量成为可能。另一方面，PZB（1988）主张基于服务质量评价模型的维度能实施服务差别化营销战略。这意味着健身俱乐部经营者也可以基于 SQAM 模型的 5 个维度向会员实施服务差别化的经营战略。俱乐部会员的需求多种多样，他们对服务的看法也不完全相同。对于大多数健身俱乐部来说，很难让所有会员对 SQAM 模型的 5 个维度均感到满意。在这样的情景下，俱乐部经营者可以采用 SQAM 模型的某一个或是某些维度为基准，将具有共同健身需求或特征的会员进行分类，继而把握这些顾客的需求特征，有针对性地提供服务。也就是说，可根据模型的 5 个维度进行市场细分，为不同的市场提供差异化的服务。

3.5 小　结

在本章中，以开发能反映我国健身俱乐部的现状和顾客的实际情况的服务质量评价模型为目的，按照假设模型的提出→服务属性项目数的筛选→假说模型的检验→假设模型的改良→改良模型的信效度分析→改良模型参数估计值的精度评价→改良模型维度结构的稳定性→SERVQUAL 方法与 SERVPERF 方法的比较的顺序来进行研究，最终开发出了与我国健身俱乐部状况相对应的服务质量评价 SQAM 模型。SQAM 模型由 5 个维度［“工作人员（指导员）”“服务项目”“设施与设备”“价格设定”和“安全性”］20 个下位属性项目组成，具有较高的信效度，模型参数估计值的精度较高，维度结构也比较稳定。这样的结果支持了建议根据行业和顾客情况评价服务质量的相关研究，也支持了基于以事后顾客的绩效评价与事前服务期待的比较的、以 SERVQUAL 模型为代表的差距模型的服务质量评价方法。虽然不能说 SQAM 模型一定能适用于我国全部的健身俱乐部的服务质量评价，但基于该模型的开发方法，作为一种服务营销工具，评价其他健身俱乐部或其他地域的健身俱乐部的顾客感知服务质量成为可能。采用该模型评价顾客感知服务质量，能对健身市场进行细分，有利于健身俱乐部管理者实施差别化的服务营销战略。

对于健身俱乐部经营者来说，通过提高服务质量，最终影响俱乐部的收益才是俱乐部长期追求的最终目标（Dabholkar，等，2000）。也就是说，有关服务质量的研究不能仅仅停留在对质量的评价上。只有通过服务质量评价，找寻服务质量的差距，提升服务质量，让俱乐部会员满意，促使满意了的顾客再购买，最终提升俱乐部的利益，才是进行服务质量评价的目的。这意味着通过分析服务质量、顾客满意和行为意向之间的关系，能检验本研究开发模型的有效性。因此，在下文实证研究（Ⅱ）中对这些构成概念之间的关系进行分析。

4 实证研究（Ⅱ）健身俱乐部服务质量对顾客满意和行为意向的影响研究

4.1 问题的提出

在服务营销的领域，服务质量是影响组织业绩的重要因素之一。因此，服务质量对其服务购买者的满意、再购买行为的影响的研究引起了学者们的关注（Anderson，等，1994；Finn 和 Kayande，1998）。由于测试顾客再购买行为需要花费较长的时间和较多的费用（Henning-Thurau 和 Klee，1997），加之消费者特定的行为可以通过其行为意向来预测（Gollwitzer，1993；Zeithaml，等，1996），因此在研究实践中较多的学者（Howat，等，1999；Lee，等，2004；Olorunniwo，等，2006）用行为意向来替代消费者实际的购买行为。在这些研究中，如前所述，有关服务质量、顾客满意和行为意向之间的关系，学界尚未达成一致的意见，有关这三者之间的关系，Cronin 等（2000）和 Dabholkar 等（2000）学者主张有必要进一步深入研究。在体育领域也存在同样的主张（Howat，等，1999；Park，2003）。

另外，伴随着我国服务业的发展，服务质量终于引起了学者们的关注。学者们对餐馆、酒店、旅游等行业的服务质量评价进行了研究。但是，在体育领域服务质量评价研究相对较少。近年来，上海和北京等大城市健身俱乐部数量急剧增加，俱乐部之间的竞争越发激烈。在众多的俱乐部中，如何提高服务质量，获取新顾客或维持现有的顾客成为健身俱乐部经营的课题（刘兵，等，2006a；肖淑红，2005）。因此，很有必要把握健身俱乐部会员的服务质量评价对其顾客满足和行为意向产生怎样的影响。同时，虽然实证研究（Ⅰ）作为我国健身俱乐部服务质量评价研究的第一阶段开发了服务质量评价模型，但是为了检验模型的有效性，还有探究服务质量、顾客满意和行为意向之间的关系的问题。

在市场营销研究领域，有关各构成变量之间的关系研究，一般存在以下 3 种方法。第一，根据文献构建相关变量之间的关系模型，采用回归分析或结构方程模型分析验证构建模型中各变量之间的关系，这是最常用的方法。第二，由于当前常用的模型构建方法，不可能把各变量之间所有的可能性考虑进去，因为除了研究者构建的关系模型之外，还可能存在数据拟合更好的模型。因此搜寻更多的关系模型并进行验证，有可能找到更好的关系模型。在 Amos 统计软件中，该方法被称为模型界定搜寻（Model Specification Search）。第三，由于一些潜变量是多维变量，其下位属性项目较多，如果不改变构建模型，模型中参数较多并且参数之间关系错综复杂，导致各参数相互影响，有可能降低模型与调查数据的拟合度。因此，学者们采用因子得分或项目组合（item parceling）方法，计算潜变量每个维度的因子得分（周强和菊池秀夫，2009b）或项目平均得分（Lee，等，2004），将因子得分或项目平均得分视为观测变量构建模型，以此达到简化模型的效果。

如前所述，实证研究（Ⅱ）以明确我国健身俱乐部会员的服务质量评价对顾客满意和行为意向影响为目的。这意味着为了达到这一目的，就有必要先找出服务质量、顾客满意和行为意向之间的关系的最佳模型进行分析。因此，本研究采用上述 3 种方法，即基于文献资料构建模型法、模型界定搜寻法和属性项目组合构建模型法找出变量之间的关系的最佳模型，继而基于最佳模型分析服务质量评价、顾客满意和行为意向之间的关系。

4.2 研究步骤与方法

4.2.1 研究步骤

如文献述评所说，到目前为止有关服务质量和顾客满意、行为意向之间的关系，虽然有几个模型被提出来了（表 2－1），但还是存在以下 3 个问题。

第一，在这些相关模型中，哪个模型更适合健身俱乐部的消费情境的问题。

第二，有关这三者之间的关系模型，并没有研究将其网罗起来进行分析，在现有的关系模型之外是否还存在更好的模型的问题。

第三，这些关系模型参数推定值的精度如何尚未见报道，有必要对其进行研究。现在开发了各种各样的统计软件，这使最佳模型的筛选和模型参数推定值的精度评价成为可能。

本章首先参考文献，构建了 4 个反映健身俱乐部和顾客的实际情况的构成概念模型。接着采用结构方程模型分析，对这 4 个模型进行验证，从中筛选出最佳模型，同时对服务质量和顾客满意、行为意向之间的关系、在服务质量对行为意向影响过程中顾客满意的中介作用进行分析。其次采用模型界定搜寻方法探讨在筛选出的最佳模型之外，搜寻是否有更出色的模型存在。最后根据上述手续所能得到的最适合的模型，根据 Bootstrap 方法进行模型参数估计精度的评价。（图 4 －1）

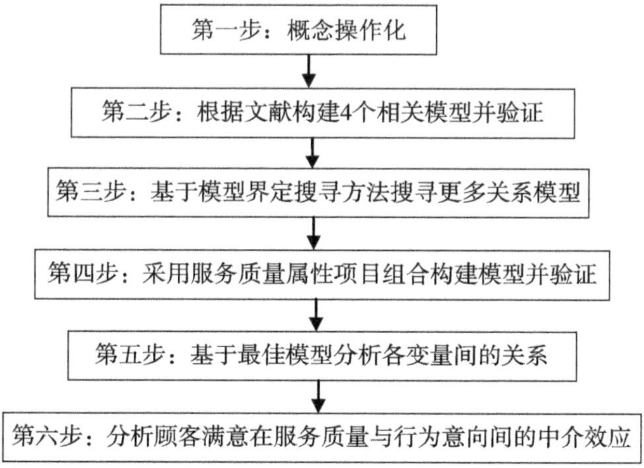

图 4 －1　服务质量、顾客满意和行为意向之间关系分析的步骤

4. 2. 2　概念操作化与假设模型的提出

4.2.2.1　服务质量、顾客满意、行为意向的概念操作化

服务质量：无论是北欧学派还是北美学派，都认为服务质量是顾客对服务的一种主观评价，是顾客感知服务质量。PZB （1988） 和 Kim，等（1995）认为，因为服务具有无形性和消灭性等特征，因而很难对其质量进行评价。Dabholkar 等（2000）认为也正因为如此，在学界几

乎不存在被有关人员一致认可的评价模型。其中，多数学者（Kim，等，1995；Dabholkar，等，2000；江岚和郭旭泓，2012；金山和中西，2014；Gawyar，等，2014；Najafzadeh 和 Shiri，2015）认为，在服务质量评价研究领域中由 PZB（1988）开发的 SERVQUAL 模型起着重要的作用。无可否认，在有关 SERVQUAL 模型的应用研究中，研究者（Cronin 和 Taylor，1992；Kim，等，1995；Howat，等，1996）发现，随服务行业的不同，该模型的维度结构表现出不稳定的特性也是不可争辩的事实。基于此，他们指出该模型并不一定适用于所有的服务行业，应该根据服务内容和现场的具体情况，采用与之相宜的模型进行服务质量评价。

在这样的研究背景下，在健身服务质量评价领域，研究者们（Kim，等，1995；Howat，等，1996；Lam，等，2005）尝试着在参考 SERVQUAL 方法的同时，又试图证实健身消费情景的特殊性。其中，如前面文献述评中所指出的一样，“工作人员（指导员）”“服务项目”和“设施与设备”3 个维度是健身行业不可缺少的质量维度（Ko 和 Pastore，2005；Lam，等，2005；赵钟华，2008；赵道静，2009）。此外，还有不少研究者主张，“价格设定”（Kim，等，1995；Howat，等，1996；韩凤月和刘永东，2002；赵钟华，2008；赵道静，2009）和“安全性”（Kim，等，1995；陈雪龄，1999；王璐，2007）等也是健身行业重要的服务质量的维度。因此在实证研究（Ⅰ）中提出了“工作人员（指导员）”“服务项目”“设施与设备”“价格设定”和“安全性”5 个维度构成的健身俱乐部服务质量评价假设模型。经过文献资料、现场考察、专家访谈、2 次预备问卷调查和 1 次正式问卷调查，该假设模型获得了支持。另外，研究（Ⅱ）的目的是通过服务质量、顾客满意和行为意向之间的关系分析，检验在研究（Ⅰ）中开发的服务质量评价模型的有效性，因此在研究（Ⅱ）中，有关服务质量的概念操作，完全采用研究（Ⅰ）中的概念操作。也就是说，采用开发 SQAM 模型的数据来评价健身俱乐部的服务质量。

顾客满意：Grönroos（1984）、PZB（1988）、Zeithaml 等（1996）和赵道静（2009）认为，顾客满意通常是指顾客购买后对服务或产品的一种态度，是通过购买前的顾客服务期待与购买后的服务绩效评价进行比较后而形成的。PZB（1988）和 Anderson 等（1994）主张，当实际消费效果达到消费者的预期时，就会使顾客满意，否则会导致不满意。Anderson 等（1994）将顾客满意区分为特定交易的顾客满意和累积的顾客满意 2 种不同的概念。前者是指顾客在体验某一件产品或服务后的评价；后者是指顾客对某产品或某服务提供者迄今为止全部消费经历累积的整体评价。由于顾客往往不是基于某一次消费经历，而是基于累积起来的所有消费经历来做出未来是否重复购买的决策的，因此与特定交易的满意相比，累积的顾客满意能更好地预测顾客后续的购买行为或意向。基于此，在研究中采用累积的顾客满意来测试健身俱乐部会员的顾客满意，将其定义为顾客对俱乐部提供的服务的全体满意的主观评价（Anderson，等，1994）。参考 Cronin 和 Taylor（1992）、Headley 和 Miller（1993）、Gronholdt 等（2000）和 Cole 和 Illum（2006）的做法，用“我对俱乐部的服务感到满意”“俱乐部的服务使我感到愉快”“俱乐部的服务让我感到高兴”3 个项目、Likert 10 点量表来测定顾客满意（见附录）。

行为意向：在市场营销领域，行为意向是指顾客个人对于自己在将来采取某些特定行为的可能性的主观判断，通常用顾客的口头宣传、抱怨行为、再购买和溢价购买等意向来测定行为意向（Zeithaml，等，1996）。其中，Heskett 等（1994）指出，测定顾客意向最为常用的是再购买意向和向他人推荐意向；Headley 和 Miller（1993）和 Cole 和 Illum（2006）主张，测定顾客意向最为常用的是再购买意向和向他人推荐意向。本研究参考 Gollwitzer（1993）、Headley 和 Miller（1993）和 Zeithaml 等（1996）的观点，把有关将来继续利用和向他人推荐该俱乐部的可能性的顾客的主观评价定义为行为意向。参考 Headley 和 Miller（1993）、Zeithaml 等（1996）、Cronin 等（2000）和 Cole 和 Illum（2006）的做法，采用“我将继续利用该俱乐部”“我将向家人推荐该俱乐部”和“我将向朋友推荐该俱乐部”3 个项目来测定行为意向。测定尺度为 Likert 10 点量表（见附录）。

4.2.2.2 假说模型的提出

PZB（1988）和 Zeithaml 等（1996）的研究结果表明了顾客感知服务质量可对其再购买意向施加积极的影响。Headley 和 Miller（1993）的研究揭示了顾客感知服务质量对其再购买意向、向家人或朋友推荐意向施加积极的正向的影响。另一方面，也有研究结果发现，顾客满意对其再购买意向（Bitner，1990）或对他人的推荐意向和再访问意向

（Heskett，等，1994）可施加积极的影响。提升顾客对服务的满意度，能有效提高顾客维持率或顾客的再购买意向（Heskett，等，1994）。基于这些研究，本研究提出以下假设模型，见图4－2。

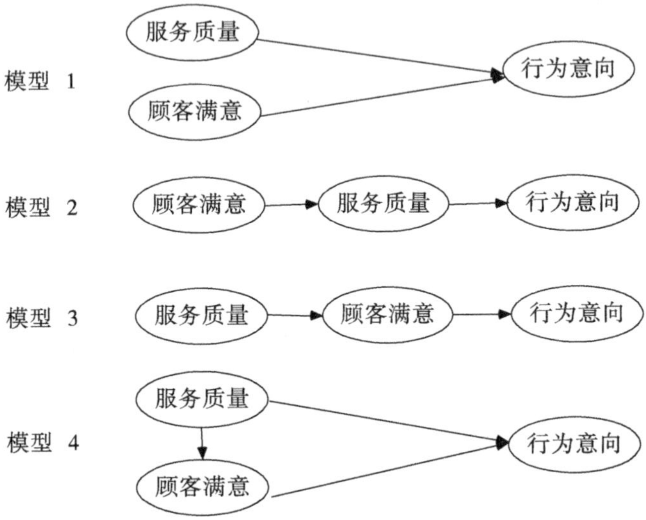

图4－2　服务质量、顾客满意、行为意向之间的关系的假设模型

在现有的研究中，存在服务质量对行为意向施加直接影响的研究（PZB，1991；Boulding，等，1993；Zeithaml，等，1996），顾客满意对行为意向施加积极的影响的研究（Reichheld 和 Sasser，1990）。参考这些研究，如图4－2所示，提出本研究的假设模型1：服务质量与顾客满意同时独立对行为意向施加直接的影响。

在服务质量研究领域，尽管多数研究者（PZB，1988；Cronin 和 Taylor，1992；Anderson，等，1994；Kim，等，1995；Dabholkar，等，2000）主张，顾客满意是顾客对服务的累积的满意，服务质量是顾客满意的前因之一。但是，Bitner（1990）和 Bolton 和 Drew（1991）的研究发现，顾客满意是其感知服务质量的一个前因。也就是说，顾客满意通过服务质量影响顾客的消费行为意向。基于此，本研究提出假设模型2：顾客满意通过服务质量间接地影响行为意向。

有研究（Cronin 和 Taylor，1994；Dabholkar，等，2000；Caruana，2002；Olsen，2002；Olorunniwo 和 Hsu，2006；Cole 和 Illum，2006）发现，在服务质量影响行为意向的过程中顾客满意起着完全中介作用（full mediating role）。例如，Cole 和 Illum（2006）的研究揭示了观光者

的服务质量评价可通过顾客满意对行为意向施加间接的影响。参考这些研究，本研究提出假设模型3：顾客满意在服务质量对行为意向影响的过程中起着中介作用。

另外，还有研究（Baker和Crompton，2000；Lee，等，2004；Olorunniwo，等，2006）发现，服务质量在直接影响行为意向的同时，服务质量可通过顾客满意对行为意向施加间接影响，如Lee等（2004）研究发现，国有林的顾客满意在服务质量对行为意向的影响过程中有着部分的中介效应（partial mediating role）。基于这些研究，本研究提出假设模型4：服务质量在直接影响行为意向的同时，也通过顾客满意间接影响行为意向。

4.2.3 数据收集

本章研究的数据与前一章实证研究（Ⅰ）一样，即首先通过文献资料、专家访谈和现场考察确定服务质量测试方法和最初的102个服务属性项目，接着通过第一次预备调查抽取服务属性项目32个，在此基础上通过第二次预备问卷调查筛选出24个服务属性项目。筛选项目的方法与开发SERVQUAL模型（PZB，1988）的方法相同。其次基于预备调查的结果提出由“工作人员（指导员）”“服务项目”“设施与设备”“价格设定”和“安全性”5个维度构成的服务质量评价假设模型。最后将服务质量、顾客满意和行为意向等内容制成正式调查问卷，以上海市和广州市的3家健身俱乐部的376名会员为对象实施调查。也就是说，采用24个服务属性项目分别测试了顾客的服务期待和服务绩效评价，测定尺度为Likert 7点量表；顾客满意和行为意向分别由前述的3个项目构成，测定尺度为Likert 10点量表。数据收集的详细过程见实证研究Ⅰ。

4.2.4 分析方法

数据分析：使用Windows版SPSS 16.0和Amos 17.0统计软件包进行数据分析。采用极大似然估计法估计模型的参数。根据侯杰泰等（2006）、丰田（2007）和吴明隆（2010）的建议，采用GFI、AGFI、RFI、TLI、CFI≥0.90，CMIN/DF≤3.0，RMSEA≤0.10和SRMR≤0.08等指标来评价模型与数据的整体拟合度。

各模型的比较：有关模型的比较，Bagozzi和Yi（1988）、Garbarino

和 Johnson（1999）、Dabholkar 等（2000）、侯杰泰等（2006）和吴明隆（2010）等提出了较好的建议。根据这些学者的主张，首先基于数据与模型的拟合指标进行比较，其次比较模型具有统计学显著意义的路径系数与总路径系数的比率，最后根据各模型的 x^2 值和信息量指标进行比较。具体的模型与数据拟合指标包括 CMIN、CMIN /DF、GFI、AGFI、RFI、TLI、CFI、RMSEA、SRMR 和 AIC。

模型界定搜寻：在分析特定结构方程模型的变量之间关系的时候，模型界定搜寻被认为是有效的方法（Arbuckle，2006；Schumacker，2006；丰田，2007）。在采用模型界定搜寻方法时，可以根据 BIC（Baysian information criterion）、BCC（Browne-Cudeck criterion）和 AIC（Akaike information criterion）等信息量标准选择最合适的模型，各模型的参数估计值和模型拟合度指标也能轻易得到确认（Arbuckle，2006；Schumacker，2006；丰田，2007）。本研究不是界定搜寻结构方程模型的下位因子分析模型，而是界定搜寻构成概念之间的关系。因此，参考 Arbuckle（2006）和丰田（2007）的建议，各构成概念下位项目之间用实线箭头指定；另外，构成概念间用 3 个单方向的选项箭头（虚线）指定（图 4－3）。这种情况下，统计出了 $2^3=8$ 所示的 8 个模型与数据的拟合指标（Arbuckle，2006；丰田，2007）。

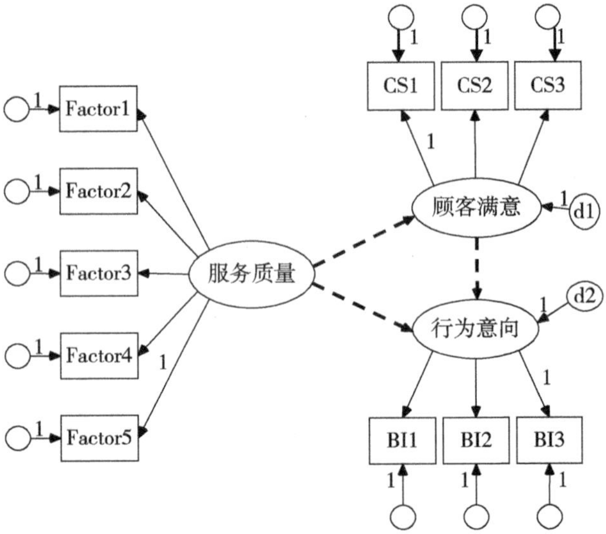

图 4－3　模型界定搜寻示意图

服务属性项目组合模型分析：采用 Lee 等（2004）、卞冉等（2007）、吴艳和温忠麟（2011）的建议，将服务质量属性项目按维度进行项目组合，然后构建服务质量、顾客满意和行为意向之间的关系模型。也就是说，在计算出服务质量各维度的下位属性项目的平均分之后，就可以将本来是潜变量的服务质量维度视为观测变量，以此达到简化模型的目的。

基于 Bootstrap 方法的推定值精度评价：Bootstrap 方法是样本总体分布情况未知时通过样本复制观测信息对总体的分布特性进行统计推断，评价模型参数估计值的精度的常用方法（地道，2002；Mattfeldt 和 Fleischer，2005；山本和小野寺，2005；Arbuckle，2006；丰田，2003，2007）。参考这些研究，将 Bootstrap 方法的抽样次数定为 1 000 次，偏差矫正信赖区间定为 95%，以此对模型标准化系数的精度进行检验。

顾客满意的中介作用分析：参考相关研究（Baron 和 Kenny，1986；Cole 和 Illum，2006；Kwon，等，2007），构建了如图 4－2 中的模型 1、模型 3 和模型 4，3 个模型分析了服务质量对行为意向影响过程中顾客满意的中介作用，即依次为顾客满意直接影响行为意向的模型（direct effect model）、完全的中介作用模型（fully mediated model）、部分的中介作用模型（partially mediated model）。另外，有关模型的路径系数，参考相关研究（Cole 和 Illum，2006；Lee，等，2004）的建议，将服务质量直接影响行为意向的路径系数视为直接效果，将服务质量直接影响顾客满意的路径系数和顾客满意直接影响行为意向的路径系数视为间接效果，将直接效果和间接效果之和视为综合效果。

4.3 结 果

4.3.1 服务质量、顾客满意和行为意向测定项目分析

服务质量由 5 个维度 20 个项目构成。其属性项目的平均值和标准差如表 3－5 所示，因子负荷、α 系数、特征值和方差贡献率（%）如表 3－8 所示。

对顾客满意的3个项目进行探索性因子分析，KMO值为0.74，Bartlett球形检验 $P<0.001$，表明对这3个项目适合进行因子分析。采用主成分分析法提取公因子。结果显示，固有值≥1的因子为1个。其特征值为2.52，方差贡献率为84.11%。Cronbach α系数为0.90，因子载荷分别为0.92、0.94和0.90，并且具有显著的统计学意义（$P<0.001$）。

对行为意向的3个项目进行探索性因子分析，KMO值为0.75，Bartlett球形检验 $P<0.001$，表明对这3个项目适合进行因子分析。同样采用主成分分析法提取公因子。结果显示，固有值≥1的因子为1个。其特征值为2.63，方差贡献率为87.56 %。Cronbach α系数为0.93，因子载荷分别为0.94、0.95和0.91，并且具有显著的统计学意义（$P<0.01$）（表4-1）。

表4-1　顾客满意和行为意向属性项目平均值、因子负荷、Cronbach α系数、特征值和方差贡献率（%）

维度	项目	M ± SD	因子载荷	α系数	特征值	方差贡献率/%
顾客满意	我对俱乐部的服务感到满意	7.57 ± 1.48	0.92	0.90	2.52	84.11
	俱乐部的服务使我感到愉快	7.49 ± 1.60	0.94			
	俱乐部的服务让我感到高兴	7.58 ± 1.74	0.90			
行为意向	我将继续利用该俱乐部	7.31 ± 1.95	0.94	0.93	2.63	87.56
	我将向家人推荐该俱乐部	7.48 ± 1.94	0.95			
	我将向朋友推荐该俱乐部	7.73 ± 1.74	0.91			

注：Extraction Method: Principal Component Analysis.

4.3.2　潜变量的信效度分析

信度分析：采用Cronbach α系数和组成信度CR（composite reliability）来进行各潜变量的信度检验。Bagozzi和Yi（1988）及Bloemer和Kasper（1995）主张潜变量的Cronbach α系数≥0.70或CR值≥0.70的场合，该潜变量具有被认可的信度。在本研究中，服务质量、顾客满意和行为意向的Cronbach α系数在0.87以上，CR值均在0.90以上。基于此，可判断本研究中各潜变量有足够的信度。

效度分析：本研究根据 Bagozzi 和 Yi（1988）、Bloemer 和 Kasper（1995）及 Olorunniwo 和 Hsu（2006）的建议，通过分析收敛效度和判别效度来检验模型中的潜变量的效度。

收敛效度：Bagozzi 和 Yi（1988）及 Bloemer 和 Kasper（1995）指出当模型中的各潜变量的平均方差抽取量 AVE（Average Variance Extracted）≥0.50，组成信度 CR 的值≥0.70，各潜变量的标准化因子载荷值均≥0.50，且达到显著水平时，便可认为该模型中的潜变量的收敛效度通过检验。在最佳模型中的各潜变量的 AVE 值均在 0.89 以上，CR 值也均≥0.90，标准化因子载荷值均≥0.60（$P<0.001$），基于此，可以判断各潜变量均具有能被人接受的收敛效度。

判别效度：对于判别效度的检验，Bagozzi 和 Yi（1988）及 Bloemer 和 Kasper（1995）指出，需要考察各潜变量的 AVE 值的算术平方根是否大于其与其他因子的相关系数；Fomell 和 Larcker（1981）则认为，AVE 值大于潜变量所有下位项目的复相关系数的平方（R^2）值时，其构成概念具有判别效度。本研究经计算，都超出了这一要求标准，因此可以判断各潜变量的判别效度通过了检验。

4.3.3 各假设模型的评价

本研究提出的 4 个假设模型与数据的拟合指标如表 4－2 所示。在模型 1 中，服务质量对行为意向影响没有显著的统计学意义（$P>0.05$），SRMR 高于建议值，RFI 低于建议值；在模型 2 中，CMIN/DF 和 SRMR 均高于其建议值，RFI 和 TLI 均低于其建议值；在模型 3 中，各指标均已达到建议值标准；在模型 4 中，服务质量对行为意向影响同样没有显著的统计学意义（$P>0.05$），其他各指标均达到了建议值标准（侯杰泰，等，2006；丰田，2007；吴明隆，2010）。也就是说，在 4 个假设模型中，最佳模型是模型 3（图 4－2）。

表 4 -2　各假设模型的参数估计值和拟合指标

模型	路径	路径系数	*P*	卡方检验结果		SRMR	RFI	TLI	CFI	RMSEA	AIC
				CMIN	CMIN/df						
1	SQ→BI CS→BI	0. 11 0. 89	>0. 05 <0. 001	757. 43	2. 59	0. 17	0. 89	0. 93	0. 94	0. 07	875. 43
2	CS→SQ SQ→BI	0. 65 0. 63	<0. 001 <0. 001	986. 48	3. 38	0. 09	0. 85	0. 89	0. 90	0. 08	1104. 48
3	SQ→CS CS→BI	0. 56 0. 93	<0. 001 <0. 001	654. 37	2. 24	0. 06	0. 90	0. 94	0. 95	0. 06	772. 37
4	SQ→CS CS→BI SQ→BI	0. 53 0. 79 0. 03	<0. 001 <0. 001 >0. 05	653. 88	2. 25	0. 07	0. 90	0. 94	0. 95	0. 06	773. 88

注：SQ（Service Quality）；CS（Customer Satisfaction）；BI（Behavioral Intention）。

4. 3. 4　模型界定搜寻结果

在进行模型界定搜寻时，可以基于计算出来的 BIC、BCC 和 AIC 等信息量基准选定模型。如果要从这 3 项指标中选择 1 项，柴田（2006）主张 BIC 是最适宜的指标，因此，本研究选择 BIC 这项指标。有关服务质量、顾客满意和行为意向之间的关系，基于模型界定搜寻构成了 8 个模型（表 4 -3），其中模型 5 和模型 8 与本研究提出的假设模型 3 和假设模型 4 一致（图 4 -4）。

基于学者（柴田，2006；丰田，2007）的建议，本研究按照 BIC0（最小值为 0 一样的 BIC 调整值）为基准对 8 个模型进行筛选。如表4 -3 所示，从 CMIN/DF 这一指标看，模型 2、模型 5、模型 6 和模型 8 的值小于 3. 0 的建议值；从指标 RMSEA 来看，8 个模型均在 0. 10 以下；从指标 CFI 看，模型 2、模型 5、模型 6、模型 7 和模型 8 符合要求。但从指标 BIC0 来看，模型 5 的值最小。结合 CMIN/DF、RMSEA 和 CFI 的值（侯杰泰，等，2006；丰田，2007；山本和小野寺，2005），本研究模型界定搜寻的结果表明模型 5 为最佳模型。这与上述筛选出的最佳模型一致，这在一定程度上为本研究的最佳模型提供了支持。

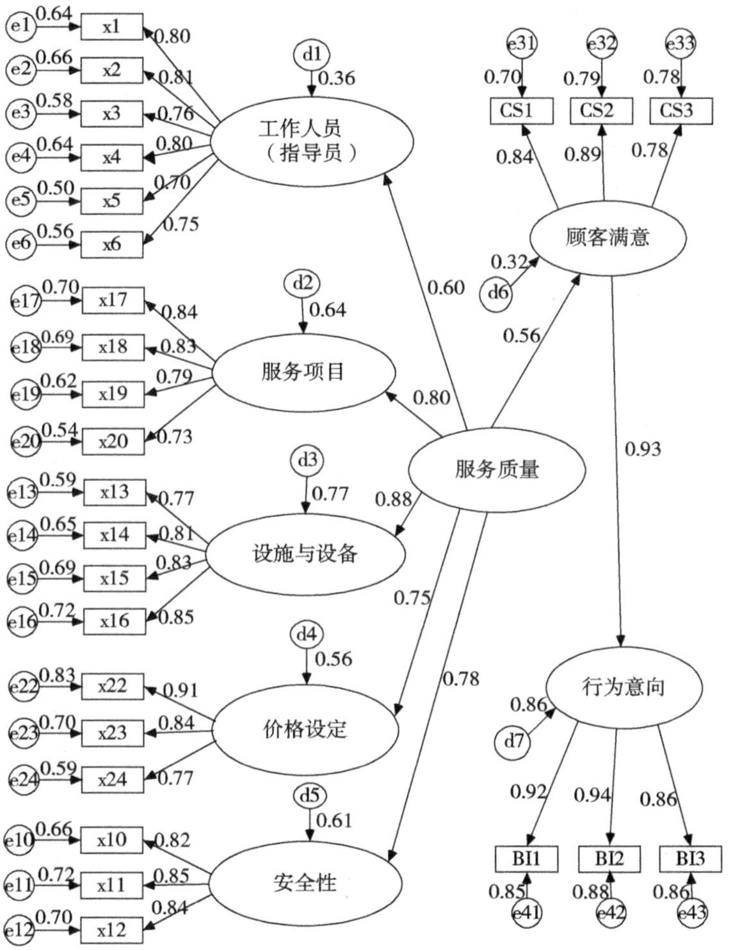

图 4－4　最佳模型

表 4－3　基于模型界定搜寻方法的各模型参数估计值和拟合指标

模型	路径	CMIN（DF）	BIC0	CMIN/DF	RMSEA	CFI
1	无	1 221.42（294）	555.19	4.15	0.09	0.87
2	CS→BI	764.20（293）	103.90	2.61	0.07	0.93
3	SQ→CS	1 121.33（293）	461.02	3.83	0.09	0.89
4	SQ→BI	1 124.79（293）	464.49	3.84	0.09	0.88
5	SQ→CS→BI	654.37（292）	0.00	2.24	0.06	0.95
6	SQ→BI；CS→BI	757.43（292）	103.06	2.59	0.07	0.94

续表

模型	路径	CMIN（DF）	BICO	CMIN/DF	RMSEA	CFI
7	SQ→CS；SQ→BI	986.48（292）	332.11	3.38	0.08	0.90
8	SQ→BI；SQ→CS→BI	653.88（291）	5.43	2.25	0.06	0.95

注：SQ（Service Quality）；SAT（Satisfaction）；BI（Behavioral Intention）。

4.3.5 项目组合模型分析

在应用项目组合方法构建模型时，吴艳和温忠麟（2011）认为要讲求策略，不能随意进行属性项目组合。Bandals（2002），Hagtvet 和 Nasser（2004），Hagtvet 和 Solhaug（2005），狩野（2002a；2002b）和 Little 等（2002）指出，在利用项目组合构建模型之前，必须确认组合项目之间的单维（unidimensionality）和信度①。他们进一步强调，之所以这样做，是因为项目组合若是多维或信度较低的话，模型路径系数的估计值就可能出现偏差，各项目原本拥有的尺度体系就有可能发生改变。本研究根据 Gerbing 和 Anderson（1988）和 Hattie（1985）的建议，分别采用主成分分析和 Cronbach 的 α 系数来检验项目组合的单维和信度。分析结果表明，“工作人员（指导员）”“服务项目”“设施与设备”“价格设定”和“安全性”5 个维度均抽出特征值≥1 的 1 个主成分，特征值分别为 4.54、2.90、2.99、2.40 和 2.39，方差贡献率分别为 64.63%、72.57%、74.77%、80.09% 和 79.62%，Cronbach 的 α 系数分别为 0.91、0.87、0.89、0.88 和 0.87。根据这些数据，各项目组合小组的单维和信度获得了确认。

另外，检验项目组合各小组是否妥当，Hagtvet 和 Nasser（2004）及 Hagtvet 和 Solhaug（2005）提出了双层测量模型（two－facets measurement model）方法②。该方法与二阶验证性因子分析相似，在项目组合小组层面下加上原始的项目层面，这样形成了 2 个层面，能确保模型原始的信息。不同的是将一阶因子转换成项目组合小组，在分析前将同一项目组合小组所有项目的负荷均设为等值限制，并且事先设置各观测变量和各项目组合小组的误差不相关。经过这样的处理之后，如果构建的项目组

① 有关项目组合的单维和信度检验问题，狩野（2002a）和 Bandalos（2002）有较为详细的论述。

② 有关双层测量模型方法，请参照 Hagtvet 和 Nasser（2004）和 Hagtvet 和 Solhaug（2005）。

合模型与数据还能达到被接受水平，则表明采用项目组合的方法是妥当的。在本研究中，根据这种方法检验了项目组合模型与数据的拟合度，结果显示各指标均达到了可被接受的水平。也就是说，根据 Hagtvet 和 Nasser（2004）及 Hagtvet 和 Solhaug（2005）的观点，本研究可以对服务质量各维度进行项目组合，构建新的结构方程模型进行分析。

在将服务质量属性项目组合之后，构建了前述基于文献的 4 个服务质量、顾客满意和行为意向之间的关系模型。采用结构方程模型分析结果发现，与数据拟合度最好的模型依然是顾客满意在服务质量与行为意向之间起中介作用的模型。也就是说，服务质量通过顾客满意对行为意向施加间接影响（图 4 -5）。该服务属性项目组合模型与数据的拟合指标（CMIN = 218.18、SRMR = 0.05、RFI = 0.91、TLI = 0.93、CFI = 0.94、RMSEA =0.10、AIC =266.18）基本上可以被接受。

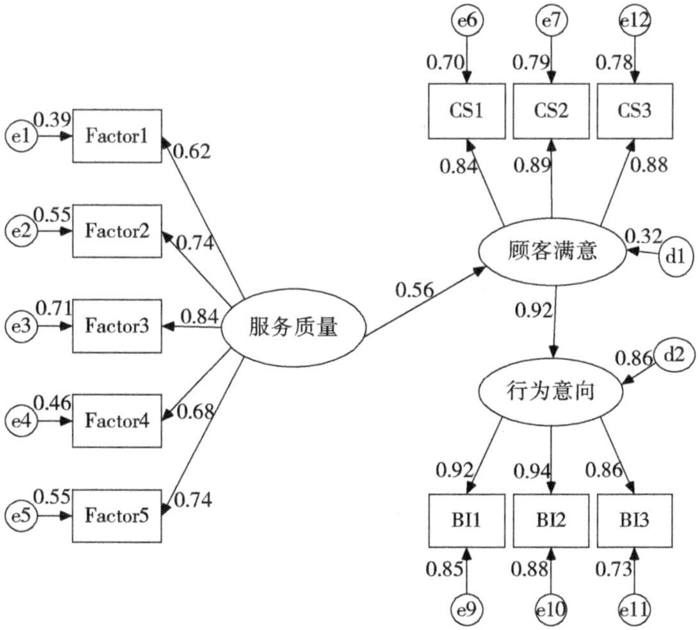

图 4 -5　服务属性项目组合模型

从项目组合模型的标准化系数推定值和检验统计量来看，标准化系数为 0.562 ~0.937，检验统计量为 9.379 ~25.915，并且全部达到了统计学意义上的显著性（$P<0.001$）。（表 4 -4）

从项目组合模型各变量间的相关矩阵看，各变量之间相关系数最小值为 0.30，最大值为 0.94，均达到了统计学意义上的显著性（$P<$

0.001）。（表4－5）

从项目组合模型部分标准化系数的Bootstrap方法推定结果和偏差矫正信赖区间看，所有的参数估计值的偏差为－0.004～0.003，标准误差也在0.063以下，都显示出较小的值（表4－6）。同时项目组合模型的标准化系数均介于偏差矫正95%信赖区间的下限和上限之间，基于此，可以认为模型具有较好的安定性，推定出来的标准化系数值得信赖（丰田，2003）。

表4－4 项目组合模型的标准化系数、标准误差、检验统计量

路径	标准化推定值	标准误差	检验统计量	*P*
SQ→CS	0.562	0.084	9.379	<0.001
CS→BI	0.925	0.062	17.919	<0.001
SQ→Factor1	0.625	0.059	11.259	<0.001
SQ→Factor2	0.743	0.063	13.840	<0.001
SQ→Factor3	0.841	0.070	15.039	<0.001
SQ→Factor4	0.681	0.077	12.685	<0.001
SQ→Factor5	0.744	—	—	—
CS→CS1	0.839	—	—	—
CS→CS2	0.890	0.051	22.628	<0.001
CS→CS3	0.883	0.059	20.918	<0.001
BI→BI1	0.920	0.048	24.831	<0.001
BI→BI2	0.937	0.047	25.915	<0.001
BI→BI3	0.856	—	—	—

注：（1）“—”因为路径系数固定为1，检定统计量和概率为缺损值；（2）SQ＝服务质量，CS＝顾客满意，BI＝行为意向；（3）Factor1＝工作人员（指导员），Factor2＝服务项目，Factor3＝设施与设备，Factor4＝价格设定，Factor5＝安全性。

表4－5 项目组合模型变量之间的相关矩阵

	SQ	CS	BI	BI1	BI2	BI3	CS3	CS2	CS1	F1	F2	F3	F4	F5
SQ	1.00													
CS	0.56	1.00												
BI	0.52	0.93	1.00											
BI1	0.48	0.85	0.92	1.00										
BI2	0.49	0.87	0.94	0.86	1.00									

续表

	SQ	CS	BI	BI1	BI2	BI3	CS3	CS2	CS1	F1	F2	F3	F4	F5
BI3	0. 45	0. 79	0. 86	0. 79	0. 80	1. 00								
CS3	0. 50	0. 88	0. 82	0. 75	0. 77	0. 70	1. 00							
CS2	0. 50	0. 89	0. 82	0. 76	0. 77	0. 71	0. 79	1. 00						
CS1	0. 47	0. 84	0. 78	0. 71	0. 73	0. 66	0. 74	0. 75	1. 00					
F1	0. 63	0. 35	0. 33	0. 30	0. 30	0. 28	0. 31	0. 31	0. 30	1. 00				
F2	0. 74	0. 42	0. 39	0. 36	0. 36	0. 33	0. 37	0. 37	0. 35	0. 46	1. 00			
F3	0. 84	0. 47	0. 44	0. 40	0. 41	0. 37	0. 42	0. 42	0. 40	0. 53	0. 63	1. 00		
F4	0. 68	0. 38	0. 35	0. 33	0. 33	0. 30	0. 34	0. 34	0. 32	0. 43	0. 51	0. 57	1. 00	
F5	0. 74	0. 42	0. 39	0. 36	0. 36	0. 33	0. 37	0. 37	0. 35	0. 47	0. 55	0. 63	0. 51	1. 00

注：（1）SQ = 服务质量，CS = 顾客满意，BI = 行为意向；（2）F1 = 工作人员（指导员），F2 = 服务项目，F3 = 设施与设备，F4 = 价格设定，F5 = 安全性；（3）各相关系数均达到统计学意义上的显著性水平（$P<0.001$）。

表 4 -6　项目组合模型部分标准化系数的 Bootstrap 方法推定结果和偏差矫正信赖区间（n=1 000，95%）

参数	Bootstrap 方法推定结果			偏差矫正信赖区间			
	标准误差	平均值	偏差	推定值	下限	上限	概率值
SQ→CS	0. 051	0. 561	-0. 001	0. 562	0. 446	0. 654	0. 002
CS→BI	0. 021	0. 867	-0. 001	0. 925	0. 877	0. 959	0. 002
SQ→SQ1	0. 063	0. 623	-0. 002	0. 625	0. 484	0. 736	0. 002
SQ→SQ2	0. 037	0. 745	0. 002	0. 743	0. 667	0. 815	0. 002
SQ→SQ3	0. 027	0. 837	-0. 004	0. 841	0. 777	0. 886	0. 002
SQ→SQ4	0. 037	0. 684	0. 003	0. 681	0. 607	0. 748	0. 002
SQ→SQ5	0. 034	0. 745	0. 001	0. 744	0. 676	0. 811	0. 002
CS→CS1	0. 029	0. 839	0. 000	0. 839	0. 777	0. 890	0. 002
CS→CS2	0. 021	0. 890	0. 000	0. 890	0. 843	0. 927	0. 002
CS→CS3	0. 021	0. 882	-0. 001	0. 883	0. 833	0. 916	0. 002

续表

参数	Bootstrap 方法推定结果			偏差矫正信赖区间			
	标准误差	平均值	偏差	推定值	下限	上限	概率值
BI→BI1	0.013	0.920	0.000	0.920	0.890	0.943	0.002
BI→BI2	0.012	0.937	0.000	0.937	0.911	0.959	0.002
BI→BI3	0.020	0.856	0.000	0.856	0.816	0.892	0.002

注：SQ = 服务质量；CS = 顾客满意；BI = 行为意向；SQ1 = 工作人员（指导员）；SQ2 = 设施与设备；SQ3 = 服务项目；SQ4 = 安全性；SQ5 = 价格设定。

4.3.6 最佳模型分析

基于文献构建模型、模型界定搜寻和基于项目组合构建模型 3 种方法分析的结果表明，在健身俱乐部顾客感知服务质量、顾客满意和行为意向之间，服务质量通过顾客满意间接影响行为意向的模型为最佳模型。从整体模型与项目组合模型看，基于服务质量、顾客满意和行为意向的视角看，2 个模型显示的关系和这 3 个变量间的路径系数的推定值也差异不大。

在实证研究领域，绝大部分研究关注的是变量之间的联系，而不仅仅是某一概念本身。所以，人们使用结构方程模型分析的最终目的是对潜变量之间联系进行探讨。虽然项目组合模型也是可接受模型，但终究影响了服务质量属性项目之间原本固有的结构关系，这一点从潜变量服务质量对各维度的影响的路径系数不同（图 4 –4）就能看出来。因此，本研究认为完整模型（图 4 –2）是健身俱乐部服务质量、顾客满意与行为意向之间关系的最佳模型。

在最佳模型各变量的相关矩阵中，最高值为 0.87，最低值为 0.14（表 4 –7），均达到了显著的统计学意义（$P<0.001$）。从模型的标准化路径系数看，最低值为 0.70，最高值为 0.93（图 4 –2），并且均具有显著的统计学意义（$P<0.001$）。服务质量对顾客满意的直接影响为 0.56，顾客满意对行为意向的直接影响为 0.93，这 2 个路径系数均具有显著的统计学意义（$P<0.001$）。也就是说，健身俱乐部会员感知服务质量对行为意向的影响过程中，直接效果没有显著的统计学意义（$P>0.05$），间接效果为 0.52（$0.56\times0.93=0.52$），同样综合效果为 0.52。

表 4－7　最佳模型各变量之间的相关矩阵

	BI1	BI2	BI3	CS3	CS2	CS1	X 13	X 14	X 15	X 16	X 17	X 18	X 19	X 20	X 10	X 11	X 12	X 22	X 23	X 24	X1	X2	X3	X4	X5	X6
BI1																										
BI2	0. 87																									
BI3	0. 77	0. 80																								
CS3	0. 80	0. 79	0. 76																							
CS2	0. 75	0. 74	0. 71	0. 76																						
CS1	0. 67	0. 68	0. 67	0. 71	0. 81																					
X 13	0. 29	0. 29	0. 22	0. 26	0. 28	0. 31																				
X 14	0. 38	0. 36	0. 31	0. 34	0. 34	0. 33	0. 64																			
X 15	0. 37	0. 33	0. 28	0. 31	0. 32	0. 37	0. 66	0. 67																		
X 16	0. 40	0. 41	0. 35	0. 39	0. 41	0. 41	0. 62	0. 68	0. 72																	
X 17	0. 34	0. 35	0. 34	0. 35	0. 34	0. 32	0. 47	0. 47	0. 46	0. 52																
X 18	0. 28	0. 28	0. 30	0. 35	0. 27	0. 28	0. 47	0. 43	0. 45	0. 51	0. 70															
X 19	0. 32	0. 27	0. 28	0. 29	0. 26	0. 26	0. 42	0. 44	0. 49	0. 52	0. 67	0. 61														
X 20	0. 21	0. 18	0. 19	0. 23	0. 21	0. 21	0. 40	0. 38	0. 43	0. 44	0. 57	0. 64	0. 61													
X 10	0. 33	0. 31	0. 32	0. 34	0. 32	0. 31	0. 41	0. 47	0. 41	0. 49	0. 46	0. 45	0. 42	0. 33												
X 11	0. 32	0. 30	0. 30	0. 33	0. 30	0. 28	0. 48	0. 46	0. 40	0. 51	0. 47	0. 44	0. 41	0. 32	0. 69											

续表

	BI1	BI2	BI3	CS3	CS2	CS1	X 13	X 14	X 15	X 16	X 17	X 18	X 19	X 20	X 10	X 11	X 12	X 22	X 23	X 24	X1	X2	X3	X4	X5	X6
X 12	0. 28	0. 28	0. 29	0. 27	0. 28	0. 25	0. 43	0. 47	0. 45	0. 47	0. 47	0. 51	0. 43	0. 37	0. 68	0. 71										
X 22	0. 38	0. 37	0. 32	0. 41	0. 28	0. 29	0. 46	0. 47	0. 45	0. 52	0. 47	0. 44	0. 42	0. 44	0. 44	0. 51	0. 43									
X 23	0. 33	0. 34	0. 33	0. 38	0. 28	0. 28	0. 42	0. 42	0. 40	0. 43	0. 45	0. 45	0. 44	0. 46	0. 44	0. 49	0. 43	0. 77								
X 24	0. 37	0. 38	0. 37	0. 34	0. 28	0. 30	0. 39	0. 40	0. 39	0. 39	0. 45	0. 40	0. 40	0. 36	0. 40	0. 45	0. 47	0. 70	0. 64							
X1	0. 34	0. 29	0. 24	0. 27	0. 40	0. 43	0. 42	0. 39	0. 41	0. 39	0. 31	0. 26	0. 25	0. 19	0. 37	0. 31	0. 31	0. 27	0. 19	0. 25						
X2	0. 28	0. 24	0. 21	0. 21	0. 37	0. 44	0. 38	0. 32	0. 40	0. 39	0. 25	0. 22	0. 20	0. 19	0. 31	0. 21	0. 24	0. 20	0. 16	0. 17	0. 65					
X3	0. 26	0. 25	0. 20	0. 21	0. 29	0. 33	0. 35	0. 37	0. 37	0. 41	0. 24	0. 22	0. 23	0. 19	0. 25	0. 23	0. 19	0. 26	0. 19	0. 15	0. 60	0. 64				
X4	0. 25	0. 23	0. 19	0. 21	0. 32	0. 39	0. 37	0. 36	0. 37	0. 38	0. 31	0. 24	0. 30	0. 27	0. 28	0. 26	0. 24	0. 28	0. 21	0. 25	0. 62	0. 66	0. 60			
X5	0. 22	0. 21	0. 18	0. 20	0. 30	0. 30	0. 33	0. 39	0. 30	0. 34	0. 24	0. 22	0. 22	0. 19	0. 32	0. 32	0. 26	0. 25	0. 20	0. 14	0. 55	0. 53	0. 59	0. 61		
X6	0. 37	0. 29	0. 22	0. 28	0. 40	0. 46	0. 49	0. 45	0. 52	0. 45	0. 33	0. 28	0. 30	0. 26	0. 39	0. 36	0. 33	0. 35	0. 26	0. 30	0. 62	0. 63	0. 53	0. 58	0. 49	

注：CS(Customer Satisfaction)；BI(Behavioral Intention)；各相关系数均达到统计学意义上的显著性水平($P<0.001$)。

4.3.7 顾客满意的中介作用分析

在 Baron 和 Kenny（1986）、Cole 和 Illum（2006）、Kwon 等（2007）和方杰等（2012）看来，要检验某个变量是否具有中介作用，必须分 3 个步骤进行分析：第一，在自变量、中介变量和因变量任意 2 个变量之间均存在相关关系，并具有显著的统计学意义；第二，在自变量和因变量之间加入某一变量，导致自变量对因变量的影响效果减弱，则加入的这个变量就是中介变量；第三，当中介变量加入自变量与因变量之间后，如果自变量对因变量的影响效果不显著，则认为该中介变量为完全中介（full mediation）变量，而当中介变量加入自变量与因变量之间后，如果自变量对因变量的影响效果依然具有显著的统计学意义，但该影响效果要低于自变量经中介变量对因变量的影响效果，则认为该中介变量为部分中介（partial mediation）变量。

在本研究中，服务质量和行为意向、服务质量和顾客满意、顾客满意和行为意向之间均存在相关关系，并具有显著的统计学意义（$P<0.001$）。如表 4－2 中模型 3 和模型 4 所示，当顾客满意（中介变量）加入服务质量（自变量）对行为意向（因变量）影响这一回归方程中时，服务质量影响行为意向的综合效果（0.52）要低于服务质量对顾客满意的影响效果（0.56）和顾客满意对行为意向的影响效果（0.93），这意味着顾客满意在服务质量对行为意向施加影响的过程中，顾客满意是中介变量。特别要注意的是，在本研究提出的假设模型 4 中，服务质量对行为意向施加的影响不具有显著的统计学意义（$P>0.05$）。也就是说，基于前述学者（Baron 和 Kenny，1986；Cole 和 Illum，2006；Kwon，等，2007；方杰，等，2012）的观点，可以判断在健身俱乐部会员感知服务质量对其行为意向的影响过程中，顾客满意起着完全中介作用，并非部分中介作用。

4.4 讨 论

为了通过分析健身俱乐部会员感知服务质量、顾客满意和行为意向之间的关系来检验本研究开发的服务质量评价模型的有效性，本研究基于文献构建了 4 个相关变量之间的关系的假设模型，根据模型与数据的拟合程度以及各参数估计值等指标选出最佳模型，然后采用模型界定搜寻方法，对自动构建的8个变量间的关系模型进行分析，探讨在基于文献构建的4个假设模型之外，是否还存在更能让人接受的模型。结果发现，这2种方法筛选出的最佳模型为同一模型，即服务质量通过顾客满意对行为意向施加间接影响。最后研究对最佳模型的直接效果、间接效果和综合效果进行了分析，并探讨了顾客满意在服务质量对行为意向影响过程中的中介作用。本研究通过这些工作，对服务质量及其相关变量之间的关系研究、对健身俱乐部的经营管理有以下几个方面的启示。

4.4.1 有关服务质量、顾客满意、行为意向之间的关系

第一，通过对构建的4个模型的检验，验证了服务质量、顾客满意和行为意向之间的关系。这些模型都是在实证研究（Ⅰ）中开发的服务质量评价模型（SQAM）的基础上构建的，研究结果发现的最佳模型与数据的拟合度、参数估计均具有显著性统计学意义，并且本研究确定的变量之间的关系模型获得了较多现有研究的支持（Cronin 和 Taylor，1994；Dabholkar，等，2000；Caruana，2002；Olsen，2002；Olorunniwo 和 Hsu，2006；Cole 和 Illum，2006）。也就是说，采用本研究开发的健身俱乐部服务质量评价模型测试会员的感知服务质量，能较好地预测健身俱乐部会员的满意程度和将来的行为意向。基于此，可以认为对我国健身俱乐部的服务质量评价来说，SQAM 模型的有效性在一定程度上得到了确认。作为我国健身俱乐部服务质量评价的一个工具，SQAM 模型能应用于我国健身俱乐部会员感知服务质量评价。

第二，本研究揭示了服务质量通过顾客满意对行为意向起着间接的影响作用。也就是说，在本研究中构建的4个有关服务质量、顾客满意和行为意向之间的关系的模型中，模型1、模型2和模型4均得不到支持。由于消费者行为极其复杂，很难简单地判断是什么原因导致了这样的结果。在本研究中，顾客满意被定义为顾客对俱乐部提供的服务的全体满意的主观评价，这本身就意味着服务质量与顾客满意之间存在着某种关系，而模型1中无视这种关系。这也许是模型1得不到支持的理由。模型2是基于顾客满意是服务质量的前因的观点构建的模型。在服务质量研究的早期，Bitner（1990）及 Bolton 和 Drew（1991）确实认为顾客满意是服务质量的前因，但到目前为止，研究者们（Cronin 和 Taylor，1992；Kim，等，1995；Henning－Thurau 和 Klee，1997）证实了服

务质量只是影响顾客满意的一个重要因素。再者，在消费实践中，顾客只有在购买服务之后才可能做出对服务质量是否满意的判断。因此，模型2得不到支持就不难理解。本研究需要讨论的是模型3和模型4。从模型与数据的拟合度来看，2个模型均可被接受（表4-2）。模型3与模型4的区别在于服务质量是否对行为意向有直接的正向影响。本研究之所以选定模型3为最佳模型，是因为模型4除了路径SQ→BI系数统计意义不显著（$P>0.05$），模型3除AIC稍微优于模型4的AIC之外，还有以下2个方面的理由：第一，Heskett等（1994）研究发现，对服务质量评价较高的顾客并不一定在消费实践中再购买或再利用。这表明了服务质量和行为意向之间的关系并非一定是线性关系，在顾客消费实践中感知服务质量并不一定会直接影响其行为意向；第二，许多研究（Cronin和Taylor，1994；Zeithaml，等，1996；Dabholkar，等，2000；Caruana，2002；Olsen，2002；Olorunniwo和Hsu，2006；Cole和Illum，2006）业已证实了顾客感知服务质量对其行为意向只施加间接的影响作用。基于以上理由，可以认为本研究得出的结论是可以接受的。当然，消费者行动是很复杂的社会性行动，模型3并不一定能解释健身俱乐部顾客的全部消费行为，有关顾客满意在服务质量与行为意向间的作用还有待于更多的实证研究。

第三，本研究结果明确了服务质量是顾客满意的一个重要的影响因素。健身俱乐部会员在俱乐部中经过一定时间的消费，也就在一定期间内积累了消费体验，这种消费体验让会员产生累积的满意或不满意。这种逻辑，与Anderson等（1994）和Ruyter等（1997）主张服务质量是顾客满意的先行因素之一的观点是一致的，同时也支持了其他的研究（Cronin和Taylor，1992；Anderson和Sullivan，1993；Baker和Crompton，2000；Olorunniwo，等，2006）结果。换句话说，正因为服务质量是顾客满意的一个前因，所以在实践中服务组织经营者为了判断顾客对服务是否满意，就需要顾客在对服务组织提供的服务进行消费体验之后才能做出评价。基于这样的逻辑，也就容易理解了。

第四，服务属性项目组合构建模型问题。在现有研究中，将各维度的因子得分或项目组合视为“观测变量”进行结构方程模型分析，探讨各潜变量之间的关系是一种较为常见的分析方法（狩野，2002a；光永，等，2005；周强和菊池秀夫，2009b；柳井，等，2008）。然而，随着因子提取方法和旋转方法的不同，因子得分系数计算方法也会发生变化，相应地，因子得分也将不同。因此，根据这个方法简化结构方程模型，其估计值具有不稳定性，同时估计值有可能产生偏差，既可能被高估，也可能被低估（狩野，2002a；光永，等，2005；星野，2005；周强和菊池秀夫，2009b）。本研究参考 Lee 等（2004）采用项目组合构建结构方程模型的方法，也就是用服务属性的各维度下位属性项目合计平均值作为结构方程的观测变量分析各构成概念之间的关系，从结果看，与整体模型差异不大，特别是各潜变量之间的关系及其路径系数没有变化。由于使用这种方法能提高观测变数的非正规性减轻的可能性，推定值的偏差也能在一定程度上得到防止，因模型参数变少而使得模型参数估计值更加稳定（Bandals，2002；Hagtvet 和 Nasser，2004；Hagtvet 和 Solhaug，2005；Little，等，2002；卞冉，等，2007；吴艳和温忠麟，2011）。在此需要指出的是，本研究采用的项目组合构建模型只是作为一种辅助方法搜寻服务质量、顾客满意和行为意向之间的关系的最佳模型，分析的重点是各潜变量之间的关系，而不是各潜变量自身的结构关系。也就是说，只有在满足 Bandals（2002）、Hagtvet 和 Nasser（2004）、Hagtvet 和 Solhaug（2005）、吴艳和温忠麟（2011）所提出的条件之时，才慎重采用因子得分或项目组合构建结构方程模型，不能为了追求模型与数据的拟合度而破坏模型原本具备的结构关系。

第五，本研究结果表明，顾客满意在服务质量和行为意向之间起着完全中介作用。虽然以往的研究均认可服务质量和顾客满意对行为意向施加显著的正向影响，但是在服务质量与行为意向之间，顾客满意是完全中介变量还是部分中介变量，仍没有一致的结论。在顾客满意研究领域，顾客满意通常被视为服务组织追求的最大目标。也就是说，当顾客对服务组织提供的服务感到满意时，就会影响顾客的再购买行为或意向。尽管如此，这一论断在健身消费情景中还缺乏实证研究。服务质量对顾客满意的影响效果为 0.56，顾客满意对行为意向的影响效果为 0.93，服务质量对行为意向影响的综合效果为 0.52。这表明顾客满意明显地影响顾客的行为意向，并且发现顾客满意是服务质量与行为意向间的完全中介途径。这意味着，健身俱乐部会员只有对俱乐部提供的服务质量感到满意时，才能增加顾客再利用或向他人推荐的可能性。这使我们进一步了解了服务质量对行为意向的影响途径，丰富了服务质量与顾客满意的理论研究。这也表明在分析服务质量与行为意向之间的关系时，不能将顾客满意这一因素排除在外。

4.4.2 对健身俱乐部服务管理实践的启示

首先，本研究借助结构方程模型分析，明确了健身俱乐部会员感知服务质量与顾客满意、行为意向之间的关系。基于这些变量之间的关系，可以得到较多的有关健身俱乐部服务质量管理或营销的具体的信息，如 PZB（1988）基于模型 SERVQUAL 各维度与全体服务质量之间的相关系数对该模型各维度的重要性进行了排序。在本研究中，“设施与设备”和“服务项目”等维度对潜变量服务质量的影响的路径系数分别为0.88 和0.80，比其他3 个维度要大。根据 PZB（1988）的观点，可认为“设施（设备）”和“服务项目”等维度是健身服务质量的重要的影响要素，健身俱乐部也可以根据这些维度实施差别化营销战略。

其次，从各个构成概念的关系看，本研究结果表明，服务质量和顾客满意对再利用和向他人推荐等意向产生直接或间接的影响。这意味着提高健身俱乐部的服务质量，提高顾客的满意度，并且健身俱乐部的会员持续利用和向家人或朋友推荐的可能性也将提高。Reichheld 和 Sasser（1990）的研究结果发现，提高顾客维持率是企业的成长性和收益性的重要前提条件之一。因此，对许多商业健身俱乐部来说，维持现有的顾客或获取新的利用者是工作的重中之重。这也意味着，健身俱乐部为了促进顾客继续利用或向他人推荐，如何提高服务质量和提升顾客满意水平是一个重要的课题。

最后，健身俱乐部会员感知服务质量必须经由顾客满意才会对其行为意向施加间接影响。这个结论在一定程度上揭示出健身俱乐部会员感知服务质量、顾客满意和行为意向之间的关系和顾客满意在感知服务质量与行为意向之间的作用机制。这一机制表明，俱乐部在试图通过提高服务质量进而影响顾客的再利用等意向的过程中，只有让顾客感到满意，才能达到实现促进顾客再利用或向他人推荐利用的目的。也就是说，顾客满意是服务质量影响行为意向的关键和必要环节。

4.5 小结

本章的研究，是以通过分析健身俱乐部会员的服务质量评价和顾客满意、行为意向之间的关系来检验开发的质量评价模型（SQAM）的有效性为目的的。一方面，参考现有的研究，构建了有关服务质量与顾客满意、行为意向的4个关系模型，通过结构方程模型分析选出了最佳模型。其结果是，在提出的4个假设模型中，适合健身俱乐部情况的最佳模型是服务质量通过顾客满意对行为意向施加间接影响的模型。另一方面，采用模型界定搜寻的方法，构建了8个有关服务质量、顾客满意和行为意向的关系模型，由此方法获得的最佳模型与基于文献资料方法筛选出的最佳模型一致，即健身俱乐部会员感知服务质量通过顾客满意间接影响其行为意向。也就是说，顾客感知服务质量能较好地预测顾客的行为意向，这样的研究结果支持了较多的现有研究，在一定程度上验证了本研究开发的服务质量评价模型的有效性。

本研究对顾客满意在服务质量与行为意向之间的中介效应进行了分析，结果发现顾客满意是服务质量对行为意向施加影响的中介变量，在服务质量与行为意向之间起着完全中介作用。这样的结果表明顾客满意在服务质量评价中起着重要的作用，只有顾客满意才有可能促进顾客消费行为。也就是说，健身俱乐部向顾客提供优质的服务，让顾客满意，继而促使满意的顾客继续利用俱乐部或者向家人朋友推荐该俱乐部。

5 结 语

5.1 结 论

为了对健身俱乐部服务质量进行评价，本研究首先对迄今为止的服务质量评价研究进行了述评；其次以我国健身俱乐部的服务质量评价为中心，开发了服务质量评价模型；最后通过分析服务质量、顾客满意和行为意向之间的关系检验了新开发模型的有效性。通过这一系列研究工作，得出以下结论。

（1）现有文献表明，在多数服务质量评价模型中，SERVQUAL 模型（PZB，1988）依然是最具代表性的模型，在服务质量评价研究中起着关键作用；在体育设施服务质量评价中，“工作人员（指导员）”“服务项目”和“设施与设备”3 要素被认为是评价服务质量的重要因素。

（2）与 SERVPERF 模型（Cronin 和 Taylor，1992）相比，基于 SERVQUAL 模型（PZB，1988）开发健身俱乐部服务质量评价模型更容易被接受。本研究新开发的健身俱乐部服务质量评价模型（SQAM）由“工作人员（指导员）”“服务项目”“设施与设备”“价格设定”和“安全性”5 个维度 20 个服务属性项目组成，该模型具有可被接受的信效度和较高的参数估计精度以及稳定性。SQAM 模型是结合我国健身行业特点和消费现场状况开发的服务质量评价模型。基于这个模型，一方面可以评价我国健身俱乐部服务质量；另一方面也可以基于其维度细分市场，对健身俱乐部实施差别化战略。

（3）有关服务质量和顾客满意、行为意向之间的关系，在基于文献构建的 4 个关系模型中，最适合健身俱乐部情况的模型是在服务质量影响行为意向过程中顾客满意起着完全中介作用的模型。这个模型与模型界定搜寻方法和项目组合模型方法获得的最佳模型一致。基于这个最佳模型，本研究的开发模型（SQAM）的有效性得到了确认。最佳模型表明，健身俱乐部顾客的服务质量评价通过顾客满意间接影响其持续利用或向他人推荐等的行为意向，揭示了顾客满意对行为意向影响的重要性，也表明了在服务质量评价和行为意向研究中，顾客满意是不可除外的重要因素。

5.2 本研究的贡献

为了评价健身俱乐部的服务质量，本研究结合我国健身行业消费情境开发了健身俱乐部服务质量评价模型，并且通过分析健身俱乐部服务质量、顾客满意和行为意向之间的关系检验了开发的新模型的有效性。在此研究过程中获得的知识和研究方法，对今后体育设施的服务质量评价研究在以下 3 个方面做出了贡献。

第一，对我国体育设施的顾客感知服务质量进行评价本身就具有重要的意义。近年来，我国体育产业逐渐成熟化，人们对体育服务的欲求也越来越多样化。在这种情况下，确保提供服务的质量是服务组织重要的课题。如何向健身俱乐部顾客提供服务，如何提高健身消费的服务质量，引起我国相关人员的关注。如果说服务是为顾客提供的话，那么其质量只有顾客才能做出最恰当的判断。这意味着从顾客的视角来评价服务质量，在倡导顾客营销的当下是不可或缺的。但是，这样的研究主要以北美为中心，其他地域的研究相对很少。本研究以我国健身俱乐部为调查对象，从顾客的视点对服务质量进行了评价。在我国健身俱乐部对顾客越来越重视的当下，这样的尝试反映了健身领域的最新研究动向，服务质量评价研究意义深远。

第二，本研究采用的服务质量评价方法，可以应用到各种各样的服务场面。到现在为止，学界提出了数个具有代表性的服务质量评价模型，其中 SERVQUAL 模型（PZB，1988）依然在服务质量评价领域具有很大的影响。然而，SERVQUAL 是以北美的消费者为对象开发出的模型，严格来说，不能认为文化不同的地区就一定适用，学者们也指出该模型应根据行业的特征进行必要的调整。为了克服 SERVQUAL 模型这样的弱点，本研究参考 SERVQUAL 模型（PZB，1988）的开发方法，同时结合行业市场特征开发新模型并对其有效性进行了分析。在某种意义上说，本研究是 SERVQUAL 模型在体育领域的应用，SERVQUAL 模型本身的价值获得了提高。这意味着本研究所提出的服务质量评价模型的开发方法，有可能应用于较为广泛的领域。

第三，本研究开发出我国体育设施的一个服务质量评价模型。本研究以经济发展显著的上海和广州的健身俱乐部作为对象，作为体育领域的服务质量评价的实证研究，这在我国尚为鲜见。虽然不能说本研究所开发的服务质量评价模型一定能适用于我国所有的健身俱乐部，但以该模型为基础评价我国其他地方的健身俱乐部的服务质量，根据各地的具体情况开发不同的评价模型是可能的。从这个意义上说，本研究可以作为我国体育领域的服务质量评价的出发点，为其他相关研究提供参考。

5.3 研究局限性

首先，有关研究样本的问题。第一，本研究是以我国健身俱乐部的服务质量评价模型的开发和分析为目的的。当然，想要研究结果能一般化，就有必要以我国全境的健身俱乐部顾客作为样本代表（总体）。但是，本研究并非在我国全境进行随机取样，而是限定在上海和广州。关于本研究所提出的质量评价模型（SQAM），有必要根据不同的地域的样本来验证。第二，在本研究中，以“生长期”的健身俱乐部市场作为研究对象，随着将来健身行业的发展和顾客情况的变化，除了本研究提出的服务质量的5个维度之外，还有可能存在其他的重要因素。也就是说，今后利用SQAM模型评价我国健身俱乐部服务质量时有可能需要调整提出的质量评价模型。但只要采用本研究所提出的服务质量评价的方法，对这样的评价模型的验证工作就比较容易进行。第三，本研究的调查问卷回收率较低，可能会影响到样本的代表性。调查回收率仅为63.1%，这意味着本研究不能完全排除有36.9%的被调查者因不赞同调查问卷而拒绝回答的可能性。也就是说，本研究报告的服务质量评价模型的71.81%的累积方差贡献率有可能没有达到可接受的统计效度，模型的验证效度也有待于在今后的研究中进行讨论。

其次，数据处理问题。本研究对服务质量和顾客满意、行为意向之间的关系进行分析的时候，基本上认定其为线性关系。但是，有学者指出，这些构成概念之间的关系不能说一定是线性关系。有研究（Albrecht和Zemke，2002；Bloemer和Kasper，1995 Jones和Sasser，1995）结果表明，顾客满意的水平超过了一定限度时，行为意向急速上升；而当顾客满意水平低于一定限度的场合，行为意向几乎看不出变化。Albrecht 和 Zemke（2002）的研究结果揭示了在采用 5 等级尺度测试顾客满意程度时，选择“5”（非常满意）评价的顾客对那个企业的产品和服务再利用的比率是选择“4”（比较满意）评价的顾客的 2 ~6 倍。今后，在对这些构成概念之间的关系进行分析时，事前有必要对这些构成概念之间是否有可能存在非线性关系进行确认。

最后，关于研究设计的问题。第一，本研究虽然比较了基于 SERVPERF 模型（Cronin 和 Taylor，1992）和 SERVQUAL 模型（PZB，1988）的健身俱乐部服务质量评价方法，并且发现了基于 SERVQUAL 模型方法对我国的健身俱乐部服务质量进行评价更为适合，但这些都是基于同一次问卷调查数据而得出来的结论，同时调查顾客的服务期待和服务绩效评价相对于仅调查顾客的服务绩效评价来说，增加了被试回答问题的负担，不能完全排除被试在回答服务绩效评价问题时受到顾客期待问题的影响。这意味着今后有必要单独制定调查问卷对 SERVPERF 模型和 SERVQUAL 模型进行比较。第二，本研究所提出的服务质量、顾客满意和行为意向之间的关系模型，是参考现有的研究进行横断的分析。这样的研究方法，虽然是一个有益的服务研究方法（Dabholkar，等，2000；Henning - Thurau 和 Klee，1997），但严格意义上来讲，基于本研究的结果难以判断各构成概念之间的因果关系。因此，立足于纵向研究的视角，今后有必要对这些构成概念间的关系进行实证研究。

参考文献

［1］卞冉，车宏生，阳辉．项目组合在结构方程模型中的应用［J］．心理科学进展，2007，15（3）：567－576.

［2］柴盈，韦福祥．服务质量内涵的综述与思考［J］．科技与管理，2004（3）：36－38.

［3］陈春，钟东．大学校内健身俱乐部服务质量管理研究［J］．湖北科技学院学报，2016，36（3）：117－119.

［4］陈雪龄．体育场所服务质量的理论研究［J］．体育科学，1999，19（6）：13－16.

［5］崔永霞，师玉涛．北京市体育场馆服务质量管理体系研究［J］．体育文化导刊，2012（5）：87－90.

［6］邓富民．基于服务质量差距模型的服务质量特性构成分析［J］．四川大学学报（哲学社会科学版），2004（5）：27－30.

［7］刁在箴，马更娣，张莹，等．中国体育健身俱乐部发展概况之研究［J］．北京体育大学学报，2002，25（6）：744－745，750.

［8］丁玉峰，李瑛，杜光. SERVQUAL 改进量表评价门诊感知药学服务质量的实证研究［J］．中国药师，2008，11（1）：24－27.

［9］范秀成，杜建刚．服务质量五维度对服务满意及服务忠诚的影响——基于转型期间中国服务业的一项实证研究［J］．管理世界，2006（6）：111－118，173.

［10］方杰，张敏强，邱皓政．中介效应的检验方法和效果量测量：回顾与展望［J］．心理发展与教育，2012（1）：105－111.

［11］高贺，刘军．基于 SERVQUAL 的铁路客运服务质量评价［J］．大连交通大学学报，2008，29（3）：70－73.

［12］韩凤月，刘永东．我国体育服务消费质量的测定与评价［J］．天津体育学院学报，2002，17（2）：30－31，35.

［13］胡继东，何桢，施亮星．体育场馆运营服务质量评价指标体

系研究［J］. 标准科学，2015（3）：70－73，96.

［14］黄菁，黄晓灵．我国体育健身娱乐市场的供求分析［J］．天津体育学院学报，2004，19（4）：87－89.

［15］黄谦．基于 PZB 量表组成构面下的体育健身休闲服务质量量表的发展研究［J］．首都体育学院学报，2010，22（5）：7－10.

［16］黄谦．体育健身休闲市场服务质量及测量的理论与方法研究［J］．西安体育学院学报，2012，29（4）：385－392，411.

［17］侯杰泰，温忠麟，成子娟．结构方程模型及其应用［M］. 北京：教育科学出版社，2006.

［18］江岚，郭旭泓．综合性体育中心服务质量差距模型构建及其运用方法研究——以湖北省奥林匹克体育中心为例［J］. 湖北体育科技，2012，31（3）：257－259.

［19］李洛．服务质量多级模型在体育健身俱乐部的应用研究［J］. 广州体育学院学报，2005，25（6）：26－29.

［20］李永智，师灿斌，罗普磷．我国体育健身娱乐业经营管理研究现状分析［J］．西安体育学院学报，2002，19（1）：7－9.

［21］李欣，于渤．服务质量评价特征及服务补救策略［J］．管理科学，2004，17（3）：72－76.

［22］连桂红，刘建刚．中国健身娱乐市场需求法则失灵的博弈分析［J］．体育科学，2005，25（10）：83－85.

［23］刘兵. 上海市体育健身娱乐业服务质量分析［J］．北京体育大学学报，2007，30（3）：326－327，330.

［24］刘兵，陈锡尧，楼小飞，等．健身娱乐业服务质量管理研究［J］．体育科研，2006，27（1）：28－34.

［25］刘兵，徐本力，张林，等．健身娱乐业 SERVQUAL 评价模型建立的意义与价值分析［J］．成都体育学院学报，2006，31（5）：26－29.

［26］刘建新，陈雪阳. 国外服务质量研究及其启示［J］．北京工商大学学报（社会科学版），2007，22（5）：91－96.

［27］刘月，罗利．服务管理理论研究进展［J］．管理评论，2004，16（4）：33－38，44.

［28］刘向阳．西方服务质量理论的发展分析及其启示［J］．科技进步与对策，2003（9）：176－178.

[29] 马鹏，王天佑．SERVQUAL 质量测评量表在饭店业的适用性研究 [J]．北京第二外国语学院学报（旅游版），2017（1）：15－19.

[30] 鲍大卫，高凤华．经营性健身俱乐部的服务质量对其忠诚度影响的研究 [J]．浙江体育科学，2010，32（5）：39－40，76.

[31] 齐静，梁进．我国营利性体育健身中心（俱乐部）服务质量构成要素和评价方法研究 [J]．天津体育学院学报，2007，22（2）：175－178.

[32] 舒宗礼，夏贵霞．商业体育俱乐部服务质量指数理论模型建构与实证 [J]．体育成人教育学刊，2012，28（5）：57－59.

[33] 王进，张林．我国健身娱乐市场的现状及发展思路的研究 [J]．山西师范大学体育学院学报，2001，16（4）：7－9.

[34] 王永贵．服务质量、顾客满意与顾客价值的关系剖析——基于电信产业的整合框架 [J]．武汉理工大学学报（社会科学版），2002，15（6）：579－587.

[35] 王岳洲．我国体育健身娱乐市场的现状与存在的问题 [J]．北京体育大学学报，2004（8）：1031－1033.

[36] 汪纯孝，温碧燕，姜彩芬．服务质量、消费价值、旅客满意感与行为意向 [J]．南开管理评论，2001，4（6）：11－15.

[37] 魏琳，廉涛，何天皓，等．上海市大型体育场馆公共体育服务质量评价——基于公益开放时段的实证分析 [J]．武汉体育学院学报，2016（12）：48－54.

[38] 韦福祥，韩经纶．文化差异对顾客服务质量感知影响的实证研究 [J]．南开管理评论，2003，6（3）：77－80.

[39] 温碧燕，汪纯孝．服务公平性、顾客服务评估和行为意向的关系研究 [J]．中山大学学报（社会科学版），2002（2）：109－116.

[40] 王璐．运用多重属性模型方法评定商业健身俱乐部服务质量的研究 [J]．首都体育学院学报，2007，19（3）：74－76.

[41] 乌兰，周庆杰．北京市商业体育俱乐部消费者群体的消费现状研究 [J]．西安体育学院学报，2001，18（4）：10－12，16.

[42] 吴明隆．结构方程模型：AMOS 的操作与应用 [M]．重庆：重庆大学出版社，2010.

[43] 吴艳，温忠麟．结构方程建模中的题目打包策略 [J]．心理科学进展，2011，19（12）：1859－1867.

[44] 肖淑红．中国体育健身俱乐部价值链管理状况及其实施对策[J]．北京体育大学学报，2005，28（4）：440－442.

[45] 许彩明，李杰杰．基于服务绩效感知的商业健身俱乐部服务质量测量工具的开发[J]．吉林体育学院学报，2015，31（2）：1－5，38.

[46] 徐金灿，马谋超，陈毅文．服务质量的研究综述[J]．心理科学进展，2002，10（2）：233－239.

[47] 徐明，于君英．SERVQUAL 标尺测量服务质量的应用研究[J]．工业工程与管理，2001（6）：6－9.

[48] 续嵩．SERVQUAL 在中外旅游业中应用的比较研究[J]．人文地理，2007（3）：82－86.

[49] 孙二娟，钟秉枢．高校体育场馆服务学生感知质量测评指标体系的构建与 IPA 分析[J]．运动，2016（13）：1－3，68.

[50] 严利，田继书，钟小勤. SERVQUAL 评价法在护理服务质量评价中的应用[J]．护理学杂志，2009，24（3）：1－3.

[51] 杨铁黎，许松涛，吴永芳，等．关于建立我国体育产业服务质量管理体系的必要性与可行性探讨[J]．首都体育学院学报，2002，14（1）：11－14.

[52] 杨铁黎，吴永芳，刘燕华，等．关于建立我国体育服务业质量管理体系若干基本理论问题的探讨[J]．首都体育学院学报，2002，14（3）：16－19.

[53] 杨铁黎，吴永芳，刘燕华，等．关于建立我国体育服务业质量管理体系的研究——ISO 9000 在体育服务质量管理中的运用[J]．体育科学，2005，25（2）：21－25.

[54] 于良芝，王雅尊，洪秋兰．SERVQUAL 与我国高校图书馆服务质量评价——关于 SERVQUAL 适用性的定量研究[J]．图书情报工作，2005，49（6）：90－94.

[55] 虞蓉丽，唐勇，杨文斌．商业性健身俱乐部服务质量、关系质量与顾客忠诚感的调查分析[J]．成都体育学院学报，2011，37（4）：38－40.

[56] 张连民，丁冬云，卫喆，等．北京市商业体育俱乐部消费者行为研究[J]．首都体育学院学报，2003，15（1）：17－19.

[57] 张新安，田澎. 应用 SERVQUAL 标尺的若干问题及改进

[J]．系统工程理论与实践，2006（6）：41－47.

[58] 张雪飞，叶新钢，丁锡琪，等．我国体育健身俱乐部的定价与经营[J]．成都体育学院学报，2004，30（3）：31－34.

[59] 张岩，柳伯力．我国体育健身娱乐市场的现状与存在的问题[J]．成都体育学院学报，2000，26（1）：14－17.

[60] 赵道静．健身俱乐部服务质量损耗模型及其运用[J]．怀化学院学报，2009，28（11）：93－97.

[61] 赵卫宏．服务质量决定要因对顾客满足和行动意图的影响——在中国产业中的应用[J]．南开管理评论，2004，7（6）：15－22.

[62] 钟天朗，陈慧，徐娜．上海市全民健身服务业现状及对策研究[J]．中国体育科技，2004，40（5）：38－41.

[63] 赵钟华．构建体育健身场所服务质量评价指标体系的研究[J]．浙江体育科学，2008，30（1）：54－56，87.

[64] 郑旗，张鹏．县域公共体育设施服务质量评价与改进：基于IPA分析与实证[J]．上海体育学院学报，2015，39（6）：11－15，27.

[65] 朱沆，汪纯孝，岑成德，等．服务质量属性的实证研究[J]．商业研究，1999（6）：82－85.

[66] 朱正浩，刘丁己．西方企业服务质量研究述评[J]．改革与战略，2009，25（1）：210－212.

[67] 周强，李祥昆．健身俱乐部服务质量评价模型的开发与检验[J]．体育学刊，2011，18（6）：71－77.

[68] 周强，李祥昆．健身俱乐部利用者感知服务质量对顾客满意和行为意向影响的实证研究[J]．武汉体育学院学报，2011，45（6）：45－51.

[69] 周涛，鲁耀斌．基于SERVQUAL的消费者网上重复购物行为研究[J]．管理科学，2007，20（3）：61－67.

[70] 周文静，王恒利．感知服务质量与购后行为：公共体育场馆运动者的影响效果研究[J]．江汉大学学报（自然科学版），2017，45（2）：186－192.

附录：关于体育健身俱乐部服务质量的调查

尊敬的女士、先生：

您好！

这项调查涉及的是您对体育健身俱乐部服务质量的看法，以便于体育健身俱乐部更好地为利用者服务。本次调查是为了进行学术研究而进行的，您的回答没有正确与错误之分，我们只是想了解您真实的看法，绝对不会公开您的个人问卷；同时，本次调查是不记名的调查，不会给您带来任何麻烦，敬请您放心！

谢谢您的帮助和配合！

一、请您表明您认为体育健身俱乐部应该提供怎样的服务才是您所“期望”的服务？对于下面的24项陈述，如果您非常“期望”俱乐部提供这样的服务，则请您把该陈述后面“7－6－5－4－3－2－1”数字线上的“7”（非常同意）用“○”圈起来；如果您“完全不期望”，则请您把数字“1”（完全不同意）用“○”圈起来；如果您对该陈述感觉不强烈，则请您在数字7～1之间，把与您的真实想法最为相近的一个数字用“○”圈起来。

	非常同意 … 完全不同意
1. 工作人员（指导员）的行为应该值得会员信赖	7－6－5－4－3－2－1
2. 工作人员（指导员）应该总是自觉地帮助会员	7－6－5－4－3－2－1

3. 工作人员（指导员）应该与会员保持很好地沟通 7－6－5－4－3－2－1
4. 工作人员（指导员）应该迅速地提供服务 7－6－5－4－3－2－1
5. 工作人员（指导员）应该一贯地礼貌对待会员 7－6－5－4－3－2－1

6. 指导员应该拥有很高的体育健身指导能力 7－6－5－4－3－2－1
7. 指导员应该拥有充分的健身专门知识 7－6－5－4－3－2－1
8. 指导员应该拥有充分的健身专门技能 7－6－5－4－3－2－1
9. 俱乐部应该兑现承诺的事情 7－6－5－4－3－2－1
10. 俱乐部应该值得信赖 7－6－5－4－3－2－1

11. 在俱乐部内应该总是能让会员感觉到很安全 7－6－5－4－3－2－1
12. 会员的个人隐私应该能够得到保密 7－6－5－4－3－2－1
13. 俱乐部内应该总是很清洁 7－6－5－4－3－2－1
14. 俱乐部的设施（设备）应该便于健身运动 7－6－5－4－3－2－1
15. 健身设备（器械）应该丰富多彩 7－6－5－4－3－2－1

16. 俱乐部的空间应该很宽敞 7－6－5－4－3－2－1
17. 俱乐部应该经常更新运动项目 7－6－5－4－3－2－1
18. 每一个运动项目的参加人数应该保持适当 7－6－5－4－3－2－1
19. 运动项目的种类应该多种多样 7－6－5－4－3－2－1
20. 俱乐部应该为会员提供各种个人的健身服务 7－6－5－4－3－2－1

21. 入会费用的支付方法应该多种多样 7－6－5－4－3－2－1
22. 应该有各种各样的优惠措施 7－6－5－4－3－2－1
23. 应该提供多种方式的入会价格 7－6－5－4－3－2－1
24. 与您享受到的服务相比价格应该是合理的 7－6－5－4－3－2－1

二、下面请您表明您对健身俱乐部实际所提供的服务质量的看法。对于下面的24项陈述，如果您觉得俱乐部确实非常好地提供了该项服务，则请您把该项陈述后面“7－6－5－4－3－2－1”数字线上的“7”（非常同意）用“○”圈起来；如果您觉得俱乐部实际上没有很好地提供该项服务，则请您把数字“1”（完全不同意）用“○”圈起来；如果您对该陈述感觉不强烈，则请您在数字7～1之间，把与您的真实感受最为相近的一个数字用“○”圈起来。

	非常同意 — 完全不同意
25. 工作人员（指导员）的行为值得会员信赖	7－6－5－4－3－2－1
26. 工作人员（指导员）总是自觉地帮助会员	7－6－5－4－3－2－1
27. 工作人员（指导员）与会员保持很好地沟通	7－6－5－4－3－2－1
28. 工作人员（指导员）迅速地提供服务	7－6－5－4－3－2－1
29. 工作人员（指导员）一贯地礼貌对待会员	7－6－5－4－3－2－1
30. 指导员拥有很高的体育健身指导能力	7－6－5－4－3－2－1
31. 指导员拥有充分的健身专门知识	7－6－5－4－3－2－1
32. 指导员拥有充分的健身专门技能	7－6－5－4－3－2－1
33. 俱乐部兑现了承诺的事情	7－6－5－4－3－2－1
34. 俱乐部值得信赖	7－6－5－4－3－2－1
35. 在俱乐部内总是能让会员感觉到很安全	7－6－5－4－3－2－1
36. 会员的个人隐私能够得到保密	7－6－5－4－3－2－1
37. 俱乐部内总是很清洁	7－6－5－4－3－2－1
38. 俱乐部的设施（设备）便于健身运动	7－6－5－4－3－2－1
39. 健身设备（器械）丰富多彩	7－6－5－4－3－2－1
40. 俱乐部的空间很宽敞	7－6－5－4－3－2－1
41. 俱乐部经常更新运动项目	7－6－5－4－3－2－1
42. 每一个运动项目的参加人数保持适当	7－6－5－4－3－2－1
43. 运动项目的种类多种多样	7－6－5－4－3－2－1
44. 俱乐部为会员提供各种个人的健身服务	7－6－5－4－3－2－1
45. 入会费用的支付方法多种多样	7－6－5－4－3－2－1
46. 有各种各样的优惠措施	7－6－5－4－3－2－1
47. 提供多种方式的入会价格	7－6－5－4－3－2－1
48. 与您享受到的服务相比价格是合理的	7－6－5－4－3－2－1

三、根据您利用俱乐部的经历，您对于下面的 6 项陈述的看法如何？如果您“非常赞同”某一项陈述，请您把该项陈述后面“10－9－8－7－6－5－4－3－2－1”数字线上的“10”（非常同意）用“○”圈起来；如果您“完全不赞同”下面的某一项陈述，则请您把数字“1”（完全不同意）用“○”圈起来；如果您对该项陈述感觉不强烈，则请您在数字 10～1 之间，把与您的真实想法最为相近的一个数字用“○”圈起来。

49. 从总体上来说，我对俱乐部的服务感到满意

非常同意	10－9－8－7－6－5－4－3－2－1	完全不同意

50. 从总体上来说，俱乐部的服务使我感到愉快

非常同意	10－9－8－7－6－5－4－3－2－1	完全不同意

51. 从总体上来说，俱乐部的服务让我感到高兴

非常同意	10－9－8－7－6－5－4－3－2－1	完全不同意

52. 您将继续利用该俱乐部健身

非常同意	10－9－8－7－6－5－4－3－2－1	完全不同意

53. 您将推荐您的家庭成员来该俱乐部健身

非常同意	10－9－8－7－6－5－4－3－2－1	完全不同意

54. 您将推荐您的朋友来该俱乐部健身

非常同意	10－9－8－7－6－5－4－3－2－1	完全不同意

四、下面是一些有关您利用俱乐部的具体情况，请您按要求做出选择或是给出回答。

55. 您的性别是（　　）

①男	②女

56. 请您在下边的（　　）中，回答您的年龄

您现在已经满了（　　）岁

57. 您的最后学历是：（您若是选择“⑦其他”，请您在（　）中记入具体内容）（　）

①初中	②高中	③中专或专门技术学校	④大专	⑤本科
⑥硕士及硕士以上		⑦其他（　）		

58. 您的职业是：（您若是选择“⑧其他”，请您在（ ）中记入具体内容）（ ）

①党政机关及企事业单位的管理者　　②私营企业主或是个体工商户 ③专业技术人员　　④党政机关及企事业单位的业务人员　　⑤学生 ⑥服务业工作人员　　⑦普通工人　　⑧其他（　　）

59. 请您在下边的（ ）中，回答您到现在为止，您加入该俱乐部以来所经历的年、月数

（　　　）年（　　）个月

五、开放式问题。再一次谢谢您的协助！请您确认一下是否有遗漏的项目。最后，关于体育健身俱乐部的服务质量，如果您有什么建议或想法，请您自由地记入下面的方框中或者是纸张的背面。
